AF548117

Die
drei
!!!

Volle Power für die Umwelt

Sonja Bullen

Mit Illustrationen von Milla Kerwien
und einem Vorwort von Charlotte Schüler

KOSMOS

Umschlag- und Innenillustrationen von Milla Kerwien

Unser gesamtes lieferbares Programm und
viele weitere Informationen zu unseren Büchern,
Spielen, Experimentierkästen, Aktivitäten,
Autorinnen und Autoren findest du unter **kosmos.de**

Gedruckt auf chlorfrei gebleichtem Papier

ISBN 978-3-440-17724-2
Redaktion: Nadja Fendrich
Lektorat: Sandra Margineanu
Produktion: Alicia Kaufmann
Satz: Sigrid Walter
Druck und Bindung: Grafisches Centrum Cuno, Calbe
Printed in Germany / Imprimé en Allemagne

Volle Power für die Umwelt

Eine Übersicht über alle Sachseiten findest du auf Seite 190.

Liebe Fans der drei !!!,

herzlich willkommen zu einem neuen und grünen Abenteuer von Kim, Franzi und Marie!
Bevor es losgeht, wollte ich noch schnell die Chance ergreifen und mich zu Wort melden. Ich bin Charlotte Schüler und beschäftige mich mit ganz vielen Themen rund um Umweltschutz und Nachhaltigkeit. Besonders unser riesiger Plastikkonsum hat mich sehr nachdenklich gemacht. Selbst an den entlegensten Orten auf der Welt wird unser Müll gefunden! Sogar am tiefsten Punkt des Meeres schwamm eine Plastiktüte! Mit dem ganzen Müll, den wir verursachen, schaden wir der Tierwelt und unserem Planeten extrem. Also habe ich beschlossen, auf so viel Plastik wie möglich zu verzichten, und das ist tatsächlich gar nicht so schwer. Es gibt so viele tolle plastikfreie Alternativen, dass da garantiert jede und jeder etwas findet, was für sie oder ihn in den Alltag passt.

Damit nicht nur ich meinen Plastikmüll drastisch reduziere, sondern auch andere Menschen dazu inspiriert werden, habe ich mir überlegt, meine Lieblingsbeschäftigungen zu kombinieren: Ich liebe es, kreativ zu sein und zu lesen. Früher habe ich bei Kunstprojekten mitgemacht und hatte eigentlich immer ein Buch in der Hand – natürlich auch von den drei !!!, meine Lieblingsfigur war übrigens Kim ☺ –, heute zeige ich auf Instagram, TikTok, BookTok und Co. mit vielen Tipps, Hacks und nachhaltigen Alternativen, wie jede Einzelne und jeder Einzelne etwas dazu beitragen kann, unsere Umwelt zu schützen.

Wir alle können etwas verändern und unsere besonderen Interessen und Fähigkeiten dazu nutzen, um noch mehr Menschen dazu zu motivieren, auf unsere Umwelt zu achten. Wie zum Beispiel in diesem Buch: Franzi liebt Tiere und die Natur und engagiert sich für ein Artenschutzprojekt. Marie nutzt ihr Wissen in Sachen Mode für ihre Kleidertauschbörse und Kim ist sehr kreativ, sie schreibt nicht nur, sie bastelt auch gerne und hat das Upcycling für sich entdeckt: Aus alten Verpackungen schafft sie etwas Neues!
Außerdem teilen die drei !!! nach jedem Kapitel wissenswerte Fakten und Informationen rund um Umwelt- und Klimaschutz mit dir und haben sogar einige Powertipps für dich, wie auch du deinen Alltag nachhaltig verändern kannst – also such dir doch ein paar Tipps raus, die auch für dich leicht umsetzbar sind! ☺

Hier sind übrigens meine Top-5-Tipps in Sachen Nachhaltigkeit:

1. Feste statt flüssige Produkte (wie Shampoo) sparen eine Menge Verpackungen ein und CO_2 auf den Transportwegen.
2. Wiederverwendbare Produkte wie Edelstahl-Trinkflaschen, Stoffbeutel oder Abschminkpads aus Stoff sind super, um Ressourcen zu sparen.
3. Upcycling von Sachen, die man schon hat und nicht mehr braucht, anstatt Neues zu kaufen.
4. Tauschen und Leihen mit Freund*innen, oft braucht man Dinge nicht so oft wie zum Beispiel ein Zelt, also kann man das super untereinander tauschen und leihen.
5. Ein Spaziergang ist der perfekte Moment für ein Clean-up, also Müll einzusammeln und so Tiere vor Verletzungen durch unseren Müll zu schützen.

Und nicht vergessen: Jede noch so kleine Veränderung zählt und bringt uns Stück für Stück unserem Ziel ein kleines bisschen näher. Das Wichtigste ist, dass wir uns alle zusammen für ein umweltfreundlicheres Leben einsetzen.

@charlotteschueler

Alles bereit!

»Oh, ist das aber niedlich!« Franzi strich dem Kälbchen mit dem gesprenkelten Maul über den Kopf. Es stand direkt am Zaun, hinter ihm seine stolze Mutter. Auch Kim lächelte verzückt. Marie hielt sich ein bisschen im Hintergrund, denn sie wollte lieber nicht mit der schlabberigen Zunge in Berührung kommen. Die drei !!! halfen seit einer Weile immer mal wieder auf dem Tierschutzhof von Lisas Eltern aus, dem *Lebenshof Weideglück*. Bevor sie sich gleich an die Arbeit machen würden, lehnten sie noch etwas am Zaun der großen Weide und beobachteten die Neuzugänge.

»Ja, der Kleine ist echt zu süß. Und ein bisschen frech. Er heißt Berni.« Lisa strahlte, als Bernis Mutter ihrem Sohn über den Rücken schleckte. »Als er hier ankam, war er noch im Bauch von Hilde. Eigentlich sollte sie geschlachtet werden, sie ist schon älter und bringt keine hohe Milchleistung mehr. Aber dann kam alles anders. Der kleine Berni war sozusagen ihr Glücksbringer, denn der Landwirt wollte keine trächtige Kuh schlachten lassen. Er hat sie hier abgegeben. Hilde war letztes Mal schon da, als ihr hier bei uns wart – aber da war Berni noch nicht geboren. Sie hatte erst noch Zeit, sich in der Herde einzuleben, bis ihr kleiner Schatz auf die Welt kam.«

»Oh, was für ein Glück!« Franzi hielt dem kleinen Bullen eine Hand hin. »He, du hast ja eine ganz schön raue Zunge!« Sie kicherte.

Marie ließ ihren Blick über den Tierschutzhof wandern. Schräg hinter der Weide ragte ein rotes Holzhaus auf und Marie zeigte darauf. »Und als wir vor eineinhalb Wochen hier waren, war das auch noch nicht da, oder? Jedenfalls nicht komplett. Ist das ein Ferienhaus?«

»Stimmt, das ist ganz neu! Ferienhaus – nein, nicht ganz. Das wird ein neuer Hühnerstall«, informierte sie Lisa. »Die Hühner, die es bewohnen werden, sollen es richtig schön haben.«

Franzi staunte. »Wie viele Hühner erwartet ihr denn?«

»So 80 bis 100 Legehennen aus verschiedenen Massentierhaltungsbetrieben. Das wird eine gemeinsame Aktion mit weiteren Tierschutzhöfen, die auch Hühner übernehmen. Drei größere Gehege haben wir auf dem Hof ja schon, aber jetzt brauchen wir noch mehr Platz. Sie werden nicht alle zusammen untergebracht, immer nur 20 bis 30 Hühner pro Gehege. Das hilft ihnen, den Überblick zu behalten.« Lisa seufzte. »Nicht nur den Tieren geht es durch die Massentierhaltung schlecht, ebenso der Umwelt. Es wird unglaublich viel Wasser verbraucht, dazu wird Methan verursacht, auch durch die Lagerung von Gülle. Ammoniak entsteht zum Beispiel aus den Riesenmengen Hühnermist. Das ist doch echt mies.«

»Ammoniak?«, hakte Marie nach.

»Ja«, antwortete Lisa, »das ist ein giftiges Gas.«

Marie zog einen Mundwinkel nach unten.

Mittlerweile standen noch mehr Kühe am Zaun und reckten neugierig ihre Köpfe zu den Freundinnen herüber. Marie trat einen weiteren Schritt zurück. Plötzlich krähte lautstark ein Hahn und eine Kuh zuckte mit den Ohren.

»Und seit wann habt ihr einen Hahn?«, wollte Kim wissen. »Das Krähgeräusch ist mir neu.«
»Seit einer Woche. Er kommt auch aus einem Legehennenbetrieb. Er wurde als Küken fälschlicherweise als Henne einsortiert, aber als Hahn konnte man ihn dort natürlich nicht gebrauchen«, sagte Lisa.
Die drei !!! sahen in die Richtung, aus der das Kikeriki herübergeschallt war. Eine Kuh zupfte an Lisas Ärmel. »Hey, das ist eines meiner Lieblingsshirts! Lass das, du Frechdachs!« Sie grinste.
»Darauf wollte ich dich eben schon ansprechen. Das steht dir total gut!« Marie strich über Lisas Ärmel. »Mm, fühlt sich schön an.«
»Danke! Das trage ich richtig oft. Mir gefällt, dass es so bunt ist. Es ist schon älter, aber trotz vielem Waschen sieht es noch immer super aus. Bioqualität eben! Es ist von der Marke FAF – *FairAngelFashion*.«
In diesem Moment winkte Lisas Vater vom Hühnerhaus. Die Mädchen verabschiedeten sich von den Kühen und liefen zu ihm.
»Sollen wir heute hier aushelfen?«, erkundigte sich Franzi bei Lisas Vater, nachdem sie sich begrüßt hatten.
»Ja, das wäre großartig. Danke, dass ihr wieder mit anpackt. Es ist noch nicht ganz klar, wann genau die Hühner kommen, wenn es so weit ist, muss aber alles schnell gehen. Und da wäre es toll, wenn der Hühnerwellness-Bereich fertig wäre.«
»Wenn es um Wellness geht, bin ich immer dabei«, sagte Marie grinsend.
»Dann also los!« Kim krempelte die Ärmel ihrer Jeansbluse hoch.
»Nur das Beste für die Hühner, ist doch klar«, sagte Franzi.
»Im Moment ist so viel los, da können wir jede zusätzliche Hilfe

gut gebrauchen«, sagte Lisas Vater und nickte den dreien dankbar zu. »Die Sitzstangen müssen noch passend gemacht werden. Habt ihr Lust, die Holzsägen zu schwingen?«

»Na klar!«, riefen die drei !!! wie aus einem Mund. Seit einigen Wochen war detektivisch gesehen nicht viel los und so steckten die drei ihre ganze Energie in den Tier- und Umweltschutz. Franzi ging zusammen mit Lisa an einen Sägetisch und Kim teilte sich einen Arbeitsbereich mit Marie.

»Am besten hält jeweils eine von euch fest und die andere sägt. Es ist schon alles abgemessen und markiert. Aber passt auf eure Finger auf, ja?« Lisas Vater griff sich eine Stange und zeigte auf einen Bleistiftstrich im hinteren Drittel.

»Alles klar, so viel Kraft wird man ja für die dünnen Stangen nicht brauchen!«, meinte Franzi und legte los. Als das abgesägte Ende zu Boden fiel, rief sie: »Das macht Spaß!«

Während Lisas Vater im Inneren des Hühnerhauses werkelte, kamen auch die Mädchen gut voran.

»Ich freue mich schon riesig auf die Umweltmesse übernächste Woche in der Stadthalle!« Lisa strich sich mit dem Handrücken über die Stirn. »Der Besitzer von *FairAngelFashion* ist übrigens der Messe-Sponsor.«

»Oh, das wusste ich noch gar nicht. Ich freue mich auch schon«, meinte Kim. »Vor allem, weil alle Schulen der Stadt teilnehmen können! So haben wir endlich mal zusammen Projektwoche, obwohl wir auf unterschiedliche Schulen gehen.«

Franzi und Marie nickten.

»Ja, das ist echt genial. Ich hab Unmengen an Material zum Thema Massentierhaltung gesammelt«, erzählte Lisa. »Zum

Beispiel Flyer über Soja-Anbau im Regenwald und eine Broschüre über Nitratverschmutzung im Grundwasser. Aus eigenen Fotos hab ich sogar ein Poster drucken lassen. Ich muss mich nur noch entscheiden, was ich dann alles wirklich für meinen Messestand mitnehmen werde.« Lisa strahlte von einem Ohr zum anderen.

Im Hühnerstall wurde mittlerweile gehämmert.

»Geschafft!« Kim hatte die letzte Stange durchgesägt. »Ich muss noch ganz schön viel basteln für meinen Upcycling-Stand. Aber es ist ja noch etwas Zeit und die Prototypen sind auf jeden Fall schon mal gelungen.«

»Ich hab gestern von Leuten aus meiner Klasse einen ganzen Schwung Kleidung bekommen und auch aus anderen Klassen, da hatte ich einen Aufruf gestartet.« Marie schob sich eine blonde Strähne hinters Ohr. »Die Kleidertauschbörse, die ich für die Messe plane, könnte also ein voller Erfolg werden.«

»Gib's zu«, neckte Franzi, »so viele Klamotten, wie du hast, könntest du den Stand eigentlich allein mit deinen ausgemusterten Sachen füllen, oder?«

Marie bemühte sich, gespielt genervt auszusehen. »Haha. Gut, du hast ja recht, ich hab wirklich nicht gerade wenig anzuziehen. Deshalb finde ich den Kleiderkreisel ja auch so super, da wird getauscht und nicht neu gekauft.«

»So, das war unsere letzte Stange«, sagte Franzi und legte die Säge auf den Tisch. Sie atmete tief durch und sah sehr zufrieden mit sich aus. Plötzlich nickte sie mit dem Kopf in Richtung des Wohnhauses. »Schaut mal! Da kommt ein rosa Kugelblitz angerast!«

Tatsächlich sah es aus, als hätte jemand eine pinke Kanonenkugel losgelassen. Als das rosa Etwas näher kam, wurde das wilde Grunzen, das das kleine Wesen von sich gab, lauter.

»Bello, hast du dich erschreckt, Kleiner?« Lisa ging in die Hocke und streckte dem Ferkel ihre Arme entgegen. Sofort suchte es in Lisas Schoß Schutz. Die drei !!! hatten Bello schon bei ihrem letzten Besuch kennengelernt.

»Hat er sich mittlerweile etwas eingelebt?«, erkundigte sich Franzi.

»Ja, schon. Aber er ist noch sehr schreckhaft, hat ja auch einiges hinter sich.« Lisa stand mit Bello auf, der seine Schnauze in ihre Hand schob. Er gab ein leises, wohliges Grunzen von sich.

»Ich finde es immer noch lustig, dass er einen Hundenamen hat«, meinte Marie.

»Es gibt eigentlich keine großen Unterschiede zwischen Hunden und Schweinen. Beide sind sehr intelligent, sozial und verschmust. Nur, dass man eben die einen isst und die anderen nicht.« Lisa kraulte ihrem winzigen Schützling die Ohren. »Außerdem kann Bello Geräusche von sich geben, die fast so klingen wie ein Bellen.«

Lisas Vater kam aus dem Hühnerhaus, deutete in das Innere und stemmte die Hände in die Hüften. »Na, wie findet ihr's?«

Lisa und die drei !!! traten in das geräumige Häuschen und sahen sich um. Es hatte einen bunten Anstrich mit Ökofarbe erhalten. Kleine Lichter baumelten in Abständen von der Decke und auf dem Boden, der mit Natursteinen bedeckt war, gab es in der hinteren Ecke eine Sand- und Erdkuhle zum Scharren.

»Ich habe eben die Halterungen für die Sitzstangen angebracht. Falls ihr alle zugesägt habt, können wir sie jetzt einfach reinschieben und fertig!« Lisas Vater klang begeistert.

Lisa setzte Bello ab. Die Mädchen gingen zurück zu den Sägetischen und trugen die Stangen ins Hühnerhaus. Nachdem sie zugesehen hatten, wie das Klicksystem funktionierte, schoben auch sie einige der Stangen in die Halterungen. Als alles fertig war, betrachteten sie ihr Werk.

»Ich sehe die Hühner schon vor mir, glücklich und zufrieden!«, schwärmte Franzi.

»Na ja, ein bisschen dauert es sicher, bevor sie sich glücklich fühlen werden. Wenn diese Hühner hier ankommen, sehen sie meistens so zerrupft und abgemagert aus, dass man sie teilweise kaum als Huhn erkennen kann. Umso schöner ist es dann, wenn sie Tag für Tag kräftiger werden, Freundschaften schließen und irgendwann richtig aufblühen«, sagte Lisas Vater.

Als würde Bello ihm zustimmen, grunzte das Ferkel und trippelte neugierig durch das Häuschen.

»Diesem Schweinchen könnte ich den ganzen Tag lang zusehen«, ließ Franzi die anderen wissen. »Allerdings will ich noch bei den stillgelegten Bahnschienen vorbeifahren, deshalb muss ich jetzt langsam mal los.«

»Für dein Projekt?«, fragte Marie.

»Ja, ich hab einige Ideen für Schutzzonen für die Tiere dort, aber brauche noch ein paar mehr Fotos für meine Stellwand, die ich an meinem Stand präsentieren will.«

»Helft ihr anderen noch bei der abendlichen Futterrunde?«, wollte Lisas Vater wissen. Kim nickte, Marie sah noch unentschlossen aus.

»Gut, dann füttert ihr mal und ich breche auf. Wir drei sehen uns morgen.« Franzi zwinkerte Kim und Marie zu.

»Okay, dann bis morgen!« Kim und Marie winkten Franzi hinterher, die sich ihren Rucksack schnappte und zu ihrem Fahrrad am Hoftor ging.
»Und danke für deine Hilfe!«, rief Lisa ihr nach.
Franzi war froh, dass sie zu Hause vor dem Aufbruch zum *Lebenshof Weideglück* an ihre Spiegelreflexkamera gedacht hatte. Vielleicht bekam sie heute mit etwas Geduld sogar den Eisvogel vor die Linse, der an dem kleinen Flüsschen gesichtet worden war, das sich in der Nähe der alten, zugewucherten Bahnschienen entlangschlängelte. Der Vogel stand unter Naturschutz und sollte ebenso wie der Siebenschläfer und die Haselmaus Teil von Franzis Renaturierungsprojekt für die Messe werden. Sie parkte ihr Fahrrad nach einer Viertelstunde Fahrt an einer Wegkreuzung. Von hier aus waren es nur ein paar Minuten zu Fuß über einen Trampelpfad bis zu den Schienen. Der Weg war von bunten Blumen gesäumt und Schmetterlinge schienen hier ihr Paradies gefunden zu haben. Franzi balancierte ein Stückchen auf den Schienen entlang, dann stellte sie ihren Rucksack ab und holte ihre Kamera heraus. Dieser Ort war so besonders. Franzi musste jedes Mal lächeln beim Anblick der teilweise nicht mehr sichtbaren Metallstreben am Boden – das Grün hatte sich den Bereich komplett zurückerobert. Es war herrlich ruhig – nur sirrende Insekten und Vogelgezwitscher waren zu hören. Franzi knipste drauflos und folgte dann einem schmalen Pfad, der sich etwas von den Schienen entfernte. Er führte zu dem kleinen Bächlein, das sich leise gurgelnd ankündigte, je näher Franzi kam. Sie setzte sich ans Ufer und sah eine Weile zwei riesigen Libellen zu, die Fangen spielten. Es war gar nicht einfach, die schillernden Tiere

mit ihrer Kamera festzuhalten. Franzi schloss kurz die Augen und genoss die Abendsonne auf ihrer Haut, als ein lautes Motorengeräusch die Idylle durchbrach. Was war das denn? Hier war doch gar keine Straße in der Nähe! Franzi erhob sich, ging den kleinen Pfad wieder zurück bis zu den Schienen und hielt Ausschau. Ein ganzes Stück entfernt erkannte sie ein Auto, das dort geparkt hatte, jemand öffnete den Kofferraum. Franzi schoss ein Foto. Manchmal parkten Hundebesitzer an den alten Zufahrtswegen, um an diesem schönen Ort Gassi zu gehen. Das müsste ich mit aufgreifen, überlegte Franzi und machte sich eine gedankliche Notiz für ihr Projekt. Wenn das hier zur Schutzzone wurde, würden keine Hunde mehr erlaubt sein. Vielleicht konnte sie an ihrem Stand eine Hunde-Herrchen-Frauchen-Lieblingsspaziergangs-Karte zeigen, die all die anderen schönen Spazierwege aufführte, aber eben dieses Gebiet aussparte. Gerade wollte Franzi ihre Kamera wieder in den Rucksack packen, da ließ ein lauter Knall sie zusammenzucken. Jemand hatte die Kofferraumklappe des Autos zugeschlagen. Meine Güte, musste man das derart laut tun? Das Gas wurde so heftig durchgedrückt, dass Franzi hörte, wie die Steinchen des Schotterweges durch die Gegend flogen. Da hatte es aber jemand ziemlich eilig. Ein Hundebesitzer konnte das eigentlich nicht gewesen sein, so schnell, wie das Auto wieder verschwunden war. Aber wie auch immer. Wenn ihre Idee tatsächlich umgesetzt werden würde, dürfte hier bald niemand mehr die Ruhe der Natur und der Tiere stören. Franzi konnte es kaum erwarten.

Klima und Wandel

Fridays for Future

Die Proteste der Klimabewegung Fridays for Future entstanden aus den wöchentlichen Streiks der Schwedin Greta Thunberg, die immer freitags für mehr Klimaschutz demonstrierte, anstatt in die Schule zu gehen. Viele junge Menschen auf der ganzen Welt schlossen sich diesen Protesten an.

Ihr wichtigstes Anliegen ist es, die Erwärmung der Erde auf höchstens 1,5 °C zu begrenzen, um das Risiko möglicher Naturkatastrophen und unkontrollierbare Auswirkungen des Klimawandels zu minimieren. Deshalb setzen sie sich für die Energie- und Verkehrswende ein, für höhere CO_2-Steuern und für Klimagerechtigkeit.

Powertipps

- Klar, wir alle hinterlassen Müll und verursachen Klimagase. Wir essen, wir kleiden uns, wir sind auf dieser Welt und das ist ja auch gut so. Dabei hinterlässt jeder Mensch einen ökologischen Fußabdruck, das heißt, für alles, was man tut und kauft, kann man ausrechnen, wie viel CO_2 es verursacht. Du findest dazu im Internet verschiedene Klimarechner.

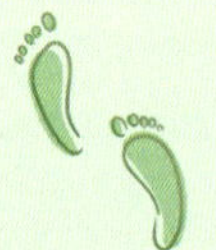

- In diesem Buch bekommst du viele Tipps, wie du helfen kannst, die Umwelt zu schonen und Klimagase zu vermeiden. Fang gleich heute Abend damit an: Schalte alle Geräte zu Hause ganz aus – goodbye Stand-by!

Der Treibhauseffekt

Gäbe es den Treibhauseffekt nicht, könnten wir Menschen gar nicht auf der Erde leben, denn hier wäre es frostig kalt. In der Atmosphäre befinden sich Gase wie Kohlendioxid (CO_2), Ozon (O_3), Wasserdampf (H_2O) und Methan (CH_4), die sich wie eine Schicht über der Erdoberfläche sammeln. Wenn die Strahlen der Sonne auf die Erde scheinen, sind sie kurzwellig und kommen deshalb locker durch die Schicht aus diesen Treibhausgasen. Der Boden reflektiert langwellige Strahlen zurück, die an der Schicht aus Gasen »abprallen« und zurückgeworfen werden. Dadurch erwärmt sich die Erde, und das ist normalerweise auch gut so. Durch den Menschen entstehen vermehrt Treibhausgase: Kohlendioxid (CO_2), wenn wir Öl und Kohle verbrennen sowie durch Ausstöße der Industrie. Methan (CH_4) durch Massentierhaltung, Reisanbau, Abfalldeponien und Erdgasgewinnung. Distickstoffmonoxid/»Lachgas« (N_2O) entsteht aus Düngemitteln, durch die Kunststoffindustrie und Massentierhaltung. Fluorchlorkohlenwasserstoffe (FCKW) im Straßen- und Flugverkehr (Benzinmotoren) sowie in der Industrie. Diese zusätzlichen Gase führen dazu, dass mehr Strahlen von der dicken Schicht an Gasen reflektiert und zurückgeworfen werden. Dadurch erwärmt sich die Erde übermäßig stark.

Schon gewusst, wie sich Wetter und Klima unterscheiden?

Das Wetter kann sich täglich ändern, sogar von einer Minute zur anderen. Wetter ist, wenn die Sonne scheint oder es regnet. Aber wenn in einer bestimmten Region über längere Zeit zu oft die Sonne scheint oder es viel mehr regnet als sonst, dann verändert sich das Klima und man spricht von Klimawandel. Durch die globale Erwärmung kommt es weltweit zu schmelzenden Gletschern, Waldbränden, Dürren, Stürmen und einem Anstieg des Meeresspiegels.

Die Umweltmesse

Kim werkelte am nächsten Tag noch bis zum letzten Moment an ihrem neuen Upcycling-Schränkchen, um es Franzi und Marie fertig präsentieren zu können. Aus irgendeinem Grund wellten sich allerdings die bunten Schnipsel, die sie zum Verzieren vorbereitet hatte, kurz nachdem sie sie auf den Karton geklebt hatte. Sobald das Schränkchen komplett beklebt war, musste sie nur noch die bereits fertigen Tetrapak-Schubladen hineinschieben. Sie strich gerade so sanft wie möglich über die aufgeklebten, aus einer Zeitschrift ausgeschnittenen Blumen, als ein Ball in ihr Zimmer flog, knapp neben ihrem Bastelwerk auf dem Boden landete und davonsprang.

»Hey! Was soll das?«, rief sie wütend und drehte sich um. Ihre Zwillingsbrüder Ben und Lukas standen in der Tür. Ben hielt sich eine Hand vor den Mund. »Ups!« Er schnappte sich den Ball, Lukas zuckte nur mit den Schultern.

»Geht raus, wenn ihr Ball spielen wollt! Fast hättet ihr mein Upcycling-Schränkchen zerstört«, fauchte Kim. Als Ben und Lukas kicherten, anstatt sich zu entschuldigen, ging Kim drohend auf sie zu, was die beiden nur noch mehr lachen ließ, aber trotzdem dazu brachte, sich nach draußen zu verziehen. Kim seufzte, griff sich ihr Schränkchen vom Schreibtisch, stellte es auf den Boden und setzte sich dazu. Immer noch wollten sich ein paar der Verzierungen nicht glätten lassen. »Komisch, bei den anderen beiden Schränkchen hat es doch gut geklappt«, murmelte Kim vor sich hin. Etwas stupste sie vorsichtig in den Rücken. »Pablo!« Kims Hund schnüffelte neugierig am noch feuchten Klebstoff, dann setzte er sich vor Kim und sah sie an. Auf seiner Nase klebte eine Blume, die sich beim Dran-Riechen vom Schränkchen gelöst hatte. »Hübsch, aber die ist nicht für dich gedacht.« Kim befreite Pablo von dem kleinen Papierstück und musste gleichzeitig grinsen, weil er so lustig aussah. Sie entdeckte die Lücke auf ihrem Schränkchen, wo die Blume hingehörte. Zum Glück hatte sie den Schnipsel retten können und klebte ihn erneut auf. »Ha, jetzt ist es glatt! Vielleicht habe ich einfach zu viel Klebstoff genommen. Danke, mein Schatz!« Sie kraulte ihrem Hund den Kopf, was Pablo mit einem genussvollen Brummen quittierte.

»Oh, das sieht aber wirklich toll aus!« Kims Mutter stand in der Tür. »Auf deine Upcycling-Möbelkollektion kannst du echt stolz sein!« Sie strahlte ihre Tochter an.

»Danke!« Kims Wangen röteten sich. »Ich pack gleich alles zusammen, wir wollen uns bei Franzi im Hauptquartier treffen und dort noch weiter an unseren Projekten arbeiten.«

Marie legte unterdessen zu Hause in der Villa der Grevenbroichs zusammen mit ihrer Mitschülerin Zoe fein säuberlich einen Berg Klamotten zusammen, der anschließend in einem Koffer landete.

»Hey, die gefällt mir richtig gut!« Zoe zog eine dunkelblaue Bluse aus dem Koffer und hielt sie sich an. »Da sind echt coole Sachen dabei!«

»Das ist ja auch der Sinn des Ganzen!« Marie nahm Zoe die Bluse wieder aus der Hand und legte sie zurück. »Lass uns mal probieren, ob der Koffer zugeht!«

Doch das gestaltete sich schwierig. Er war so voll, dass der Kofferdeckel nicht schloss, auch nicht, als sich beide Mädchen draufsetzten.

»So viele Klamotten würde selbst ich nicht auf eine Reise mitnehmen!«, sagte Marie und kicherte. »Tessa!«, rief sie in den Flur hinein. »Könntest du bitte mal eben kommen und uns helfen?«

Es dauerte einen Augenblick, dann erschien Maries Stiefmutter Tessa im Türrahmen. Sie begriff sofort, worum es ging, und setzte sich zu den beiden Mädchen auf den Koffer. Endlich ließ sich der Deckel schließen.

»Schnell, lass die Schnallen einrasten!«, rief Zoe.

Marie klickte die Schließvorrichtungen an allen Seiten zu. »Geschafft! Danke, Tessa«, sagte sie.

»Kein Problem, das ist mir auch schon öfter passiert. Wer will denn mit so schwerem Gepäck verreisen?«

»Niemand«, antwortete Marie. »Das sind die Sachen für die Kleidertauschbörse, jedenfalls ein Teil. Wir haben sogar noch mehr, aber die hier will ich heute schon mal Kim und Franzi zeigen.«

»Ach ja, dein Projekt. Der Kleiderkreisel ist eine klasse Idee«, meinte Tessa.

»Ich habe auch ein T-Shirt von deinem Öko-Label mit reingelegt. Das habe ich doppelt und da dachte ich, dass ich ja eines weitergeben kann. Wer weiß, was ich mir dafür aussuchen werde!«, erzählte Marie und ihre Augen blitzten vor Vorfreude. »Außerdem hast du mich auf eine Idee gebracht. Ich habe ein paar Shirts, die nicht mehr so toll waren, gebatikt. Das ist fast so wie mein eigenes erstes Label.«

»Ich habe mit *Think Nature* ja auch ganz klein angefangen und irgendwann konnte ich mich vor Bestellungen nicht mehr retten«, schwärmte Tessa. »Ich fühle mich natürlich geehrt, dass ich dir ein Vorbild bin.« Sie strahlte.

Tessa half den Mädchen noch, den Riesenkoffer durch die Villa über das Parkett bis zum Ausgang zu hieven.

»Ein bisschen weniger hättest du schon einpacken können zu dieser Zeigestunde mit deinen Freundinnen!« Zoe hielt sich den Rücken. »Ich fahr dann jetzt nach Hause. Wenn noch weitere Kleidung reinkommt, gut, aber wenn nicht, wäre es auch nicht schlimm. Nach der Sichtung heute würde ich sagen, dass du auf jeden Fall genug hast!« Zoe sah sehr zufrieden aus. Sie hatte keinen eigenen Stand auf der Messe, sondern wollte lieber Marie mit den Klamotten helfen.

»Ja, das lief echt gut bisher. Danke für deine Hilfe, Zoe!«, verabschiedete Marie sich von ihr.

Franzi sortierte ein paar der Fotos von gestern, die sie ausgedruckt hatte. Auf den Bildern sah es zwar nicht so wunderschön aus wie in echt, aber das gelang ja nun mal selten auf Fotos, auch wenn ihre Kamera wirklich großartige Aufnahmen machte.

»Ach, das hätte ich doch auch noch ausdrucken können«, murmelte Franzi vor sich hin, als sie noch mal ihre Kamera zur Hand nahm und eines ihrer Fotos auf dem Display genauer betrachtete. Sie zoomte das Auto heran, das sie gestern mit aufgenommen hatte, und staunte. Man konnte bis in den geöffneten Kofferraum sehen. Was war denn das große Eckige, eine Hundekiste?

Da klingelte es. Franzi legte ihre Kamera zur Seite, schnappte ihre Fotos und die Rolle Packpapier und ging die Treppe runter zur Tür.

»Hallo, ihr beiden! Ihr seid aber bepackt!« Franzi begrüßte Kim und Marie.

»Allerdings, zum Glück konnte uns mein Vater bringen«, sagte Kim und schaute hinter einem Berg Buntem hervor, den sie in den Armen trug.

»Den Koffer hätte ich sonst nie und nimmer hergeschleppt«, stöhnte Marie.

»Kommt, wir gehen direkt nach hinten zum Hauptquartier!« Franzi ging voraus.

Marie zog ratternd den großen Koffer hinter sich her und Kim folgte ihr mit ihrer Last.

»Ich mach die Tür auf, dann könnt ihr euren Kram ablegen.« Franzi betrat den alten Pferdeschuppen des Winklerhofs, den ihre Eltern an die Mädchen abgetreten hatten. Sie stellte ihre Sachen auf dem Tisch in der Mitte ab, Kim platzierte ihr buntes Etwas daneben und Marie parkte den Koffer davor.

»Hey, das sieht genial aus! Ich hätte nie gedacht, dass aus Getränkekartons so etwas Schönes werden kann«, sagte Franzi begeistert mit einem Blick auf Kims Werk.

Kim lächelte stolz. »Ich war am Ende selbst überrascht! Erst habe ich nämlich gedacht, dass ich das Schränkchen gar nicht so hinbekomme, wie ich es mir vorgestellt hatte. Vorhin hat sich die Verzierung immer so gewellt, weil ich zu viel Kleber genommen hatte.«

Marie zog prüfend eine Schublade aus Kims buntem Upcycling-Schränkchen. »Das wäre toll als Schmuckkästchen!«

»Stimmt. Oder für sonstige kleine Schätze, aber auch für die Küche – Teebeutel passen perfekt rein.« Kim strahlte. »Ich hatte erst aufgezeichnet, wie ich es bauen will. Hier, schaut mal!«

»Toll!«, staunte Franzi. »Ah, also die Tetrapaks sind die eigentlichen Schubladen und außenrum ist ein großer Karton, oder?«

»Genau. Im Supermarkt gibt es ja manchmal Kartons, die man mitnehmen kann, weil sie nicht mehr benötigt werden.«

»Und wie ist das dann so bunt geworden?«, fragte Marie.

»Ach, ich habe altes Geschenkpapier genommen und bunte Motive aus Zeitschriften ausgeschnitten.«

Die drei Freundinnen setzten sich an den Tisch. »Allerdings sind Tetrapaks eigentlich ganz schön umweltschädlich«, stellte Marie fest.

»Genau deshalb nutze ich sie ja für das Upcycling. Klar sollte man eher Getränke in Glasflaschen kaufen, aber ich habe nicht nur unsere eigenen Getränkekartons verwendet, sondern auch in meiner Klasse gesammelt. So bekommen die Behälter einen schönen neuen Zweck und werden nicht einfach weggeschmissen. Für die Messe will ich noch mindestens drei weitere Schränkchen basteln. Am besten sogar noch mehr.« Kim schob eine Schublade wieder rein, die ein Stückchen herausstand. »Zum Glück findet diese Messe statt. Seit einiger Zeit herrscht bei uns ganz schöne Detektivflaute. Fast könnten wir uns langweilen. Jetzt zeigt mal eure Sachen.«

Marie klappte den Koffer auf, holte ein paar Shirts heraus und legte sie auf den Tisch. »Schaut mal, da sind echt schöne Klamotten dabei, oder?«

»Oh ja. Wie genau soll das mit dem Kleiderkreisel denn laufen?«, erkundigte sich Kim.

»Na ja, du gibst ein Kleidungsstück ab oder auch mehrere und suchst dir ein anderes gebrauchtes aus, dass dir gerade besser gefällt. So bleiben die Klamotten im Umlauf und man muss nicht ständig neue kaufen. Am besten ist es, wenn Kleiderkreisel in regelmäßigen Abständen stattfinden, dann kann man sich immer wieder etwas aussuchen und immer mehr Menschen motivieren, mitzumachen.«

»Nicht schlecht«, staunte Franzi, »da bin ich auf jeden Fall dabei! Vielleicht machen auch ein paar Reiterinnen beim Kleiderkreisel mit, das wäre super für mich.«

Maries Augen leuchteten. »Ich bin aber noch einen Schritt weitergegangen. Unter den Sachen waren ein paar echt olle Shirts, die ich aber trotzdem nicht wegschmeißen wollte.«

»Ah, daraus kann man schöne Einkaufsbeutel nähen!«, warf Kim ein.

»Stimmt, aber ich hab mich lieber als Modedesignerin betätigt und aus einigen alten Shirts mit Batik neue gestaltet. Hier, seht mal!« Marie hielt eine leuchtend türkis-blaue Bluse hoch.

»Oh, wie schön! Die Farben erinnern mich an das Meer. Und wie sieht es bei dir aus, Franzi?« Kim strahlte ihre Freundin an.

»Ich bin noch nicht so weit wie ihr. Gut, dass die Messe erst in einer Woche beginnt! Ich war ja gestern noch mal bei den stillgelegten Gleisen hinter dem ehemaligen Industriegebiet und habe Fotos gemacht. Zu Hause habe ich weiter an einer Zeichnung gearbeitet, wie man diesen Bereich als Renaturierungs- und Schutzzone einrichten könnte. Ich habe eine Collage begonnen, um meine Idee vorzustellen, und Fotos vom Gelände eingefügt. So erkennt man, wie es jetzt aussieht, und dann mit Bildern und

einer Zeichnung kombiniert, wie ich es mir in Zukunft vorstelle. Hier sind ein paar Fotos von gestern!« Sie reichte den anderen ihre Ausdrucke. »Außerdem möchte ich Infos zu den Tieren vorbereiten, die sich über die Schutzzone besonders freuen würden. Die Haselmaus und der Siebenschläfer zum Beispiel, für sie wäre es toll, wenn viele durchgängige heimische Hecken gepflanzt würden. Ich will Sponsoren für jede einzelne Tierart gewinnen! Direkt angrenzend an die Schienen ist ein Flüsschen, da wurde immer wieder ein Eisvogel gesichtet. Eisvögel sind geschützt und ein eigenes Schutzgebiet würde ihm sehr guttun. So wären gleich mehrere bedrohte Arten glücklich.« Sie hielt kurz inne. »Ach ja, und außerdem will ich noch eine Karte für Hundebesitzer anfertigen, wo es überall besondere Plätze gibt, um ihre Lieblinge auszuführen, damit sie nicht mehr zu den alten Bahngleisen kommen. Gestern kam da ein Auto angebraust und der Kofferraum wurde laut zugeknallt, da bin ich richtig zusammengezuckt. Wenn es ein Schutzgebiet werden soll, müssen die Hundebesitzer sich neue Wege suchen.«
»Das sind aber viele geniale Ideen. Das passt total gut zu dir!«, sagte Marie.
Franzi liebte Tiere und wusste viel über sie. Sie lebte mit ihrer Familie, Pony Tinka und dem verschmusten Huhn Polly auf dem Winklerhof. Ihr Vater war Tierarzt mit eigener Praxis auf dem Hof. Franzi hatte sich sogar mal um die aus einem Feuer gerettete Eule Matilda gekümmert, bis sie wieder ausgewildert werden konnte. »Danke! Und etwas mit Kleidung zu machen passt natürlich total gut zu dir!«
Marie, die sich schon immer sehr für Mode interessierte, achtete seit einiger Zeit vermehrt auf Fair Trade und Nachhaltigkeit.

»Ja, das stimmt. Die Idee mit dem Kleiderkreisel kam mir sofort in den Kopf. Was wollen wir denn gleich zuerst machen? Helft ihr mir beim Batiken weiterer Shirts?«

»Na klar«, stimmte Kim zu. »Danach könnten wir zusammen einen Upcycling-Schrank bauen.«

»Einverstanden! Und ich könnte auch noch Hilfe gebrauchen beim Gestalten der Collage. Ich habe schon so viel Material gesammelt, aber es ist alles noch etwas durcheinander«, sagte Franzi.

»Gerne«, antwortete Marie. »Wie war das eigentlich noch mal, man kann bei der Messe auch etwas gewinnen, oder?« Sie blickte in die Runde.

»Ja, ich hab gelesen, dass eine Jury das beste Konzept auswählt«, ließ Kim ihre Freundinnen wissen. »Der erste Preis ist die Teilnahme an einem Schutz- und Forschungsprojekt zur Rettung der Meere in Frankreich. Das wäre ja was, wenn eine von uns gewinnen würde.«

»Frankreich! Da möchte ich zu gerne hin. Ich unter dem Eiffelturm, einfach herrlich!«, schwärmte Marie.

Kim schmunzelte. »Hm, in Paris gibt es aber kein Meer, das man retten kann. Wenn du gewinnen solltest, wärst du wohl eher zwei Wochen auf einem Schiff.«

Marie zog die Augenbrauen hoch. »Vielleicht werde ich seekrank. Aber die Meere retten will ich natürlich trotzdem.«

Tinkas Wiehern drang von der Weide zu den drei !!! herüber. »So spannend das klingt, ich würde es euch wünschen, dass ihr gewinnt. Ich bleibe aber lieber hier. Wer soll sich sonst um Tinka kümmern, wenn ich in Frankreich die Meere rette? Und Polly würde mich auch vermissen.«

»Dann wäre der zweite Preis besser für dich, eine Geldsumme, um dein Projekt voranzubringen. Oder vielleicht könntest du Polly und Tinka ja mitnehmen aufs Schiff?«, scherzte Kim.
Die Freundinnen mussten lachen, und als würde Tinka von draußen mit einstimmen, wieherte sie wieder. Franzi sah aus dem Fenster. »Wie süß, Tinka steht am Zaun und schaut zu uns rüber. Na los, wir holen uns eine frische Limo aus der Küche, die hab ich eben vergessen. Das können wir dann gleich mit einer kleinen Kuschelrunde verbinden.«
»Einverstanden!«, rief Kim.
Die drei standen auf, verließen das Hauptquartier und gingen hinüber zu Tinkas Weide. Franzis Pony ließ die Freundinnen durch ein zufriedenes Schnauben wissen, dass sie es ganz besonders genoss, von allen dreien gleichzeitig am Kopf gekrault zu werden. Auch wenn Kim und Marie keine riesigen Pferdefans waren – Tinka gehörte zu den drei !!! wie spannende Fälle und *Kakao Spezial.*

In der Küche stießen Kim, Franzi und Marie auf Chrissie, die so wütend aussah, als würde sie gleich Feuer speien. Sie brummelte etwas vor sich hin und knallte die Kühlschranktür zu.
»Was ist denn los?«, erkundigte sich Franzi bei ihrer älteren Schwester.
»Ach, ich habe gerade etwas in der Zeitung gelesen.« Sie hielt den dreien ihr Handy mit einem Artikel vor die Nase.
»Das ist ein Bericht über die große Textilfabrik am Stadtrand. Der Besitzer der Firma ist der Sponsor der Umweltmesse, wo wir einen richtig großen Stand vorbereiten und sogar auf der Bühne über ein paar Umweltthemen berichten sollen.«

»Du meinst, mit Friends for Future?«, wollte Marie wissen.
»Ja, genau. Ich bin übrigens auch in der Jury, aber macht euch keine falschen Hoffnungen! Ich nehme das Ganze sehr ernst und werde euch auf keinen Fall bevorzugen.« Sie warf Kim, Franzi und Marie einen strengen Blick zu. »Und nun steht da, dass wir uns angeblich Zugang zum Firmengelände verschafft und unerlaubt Fotos gemacht hätten. Wie genau das Gerücht entstanden ist und wer etwas Falsches über uns behauptet hat, weiß ich nicht.« Chrissie verzog genervt das Gesicht.
Franzi zuckte bei »unerlaubt Fotos gemacht« kurz zusammen. Aber Fotos im Bereich der stillgelegten Bahnschienen zu machen war schließlich nicht verboten, deshalb beruhigte sie sich sofort wieder.
»Und das stimmt wirklich nicht?«, hakte Kim nach.
»Nein! Wir demonstrieren, wir informieren, wir machen auf wichtige Dinge aufmerksam, klar, manchmal mit kreativen Mitteln, aber wir brechen doch nirgendwo ein!«, sagte Chrissie empört.
»Hm. Da steht, es hätte Schäden gegeben und das Logo von Friends for Future sei auf den Boden gesprüht worden.« Kim kräuselte nachdenklich die Stirn.
»Ja, so steht es da. Aber gerade das macht mich sauer. Nur weil wir manchmal unbequeme Sachen machen, sind wir ja nicht gleich Kriminelle. Die Friends treffen sich in einer Stunde, wir wollen uns weiter für die Messe vorbereiten. Und dann besprechen wir das Ganze.«
»Umso besser, dass ihr mit einem großen Stand auf der Messe seid.« Franzi legte ihrer Schwester eine Hand auf die Schulter, als Franzis Mutter ihren Kopf in die Küche steckte.

»Oh, wie gut, dass ihr gerade hier seid. Könntet ihr drei vielleicht kurz mit anfassen? Ich habe einige Kuchenbleche, die mit rüber ins Hofcafé müssen«, bat sie.

»Gerne!«, sagte Marie und auch Kim und Franzi stimmten zu.

»Ich muss jetzt los«, ließ Chrissie die anderen wissen.

»Viel Erfolg, Chrissie!« Franzi winkte.

»Danke, euch auch! Wir haben noch viel Arbeit vor uns, wenn für die Messe alles rechtzeitig fertig werden soll.«

»Hast du denn dein Referat für die Schule vorbereitet, Chrissie?«, erkundigte sich Frau Winkler.

»Ja, keine Sorge. Ich bin auch nicht zu spät zurück.«

»Gut, kommt ihr dann?« Franzis Mutter nickte in Richtung der drei !!!. Sie hatte die Bleche im Flur abgestellt und drückte jedem Mädchen eines in die Hand, sie selbst trug ein Tablett mit Bechern. Drüben im Hofcafé im Gewächshaus waren drei Tische belegt – einer davon von drei Männern, die lautstark diskutierten. Kim, Franzi und Marie stellten die Bleche auf einer Anrichte ab.

»Wer ist denn das da drüben?«, wollte Franzi wissen und deutete zu den Männern.

»Der eine ist Bernhard Berger. Ihm gehört die Modefirma *FairAngelFashion* am Stadtrand.«

»Die Marke kennen wir von Lisa! Er hat ein Label für nachhaltige Mode. Und er sponsert unsere Projektwoche, die Umweltmesse!«

Franzis Mutter räusperte sich. »Eben wirkte er richtig aufgebracht. Hat wohl gerade ein schwieriges Gespräch, vielleicht mit Kunden.«

Es ertönte ein leises Picken an dem Gewächshausfenster, das den drei !!! am nächsten war. Sie schauten gleichzeitig auf.
»Polly!« Kim kicherte. »Deine Tiere sind heute aber sehr anhänglich. Vielleicht wollen sie uns auch mitteilen, dass wir weitermachen sollen, damit für die Messe alles rechtzeitig fertig ist.«
»Dürfen wir jede ein Stück Kuchen mitnehmen?«, fragte Franzi ihre Mutter.
»Klar, ich habe reichlich Kuchen gebacken.«
Franzi schnappte sich einen Teller, legte drei Stücke drauf und zwinkerte ihren Freundinnen zu. Kim und Marie folgten Franzi. Aus der Küche nahmen sie noch die Limo mit, dann liefen sie zusammen mit Polly zurück zum Hauptquartier, wo die drei !!! sich die nächsten Stunden weiter in ihre Projekte für die Umweltmesse vertieften.

Stopp Plastikmüll

Willkommen in Unverpacktläden

Um Plastikverpackungen zu vermeiden, gibt es verpackungsfreie Supermärkte. Du kannst die Waren, die dort offen in großen Behältern angeboten werden, in deine mitgebrachten oder gekauften Behälter abfüllen, die du zuvor abwiegst. So zahlst du am Ende nur, was du an Haferflocken, Mehl oder Gummibärchen abgefüllt hast. Auch festes Shampoo, Waschpulver oder Gewürze kannst du dort ganz ohne Plastikverpackungen kaufen. Eine alphabetisch sortierte, bundesweite Ladenliste findest du auf der Webseite des Naturschutzbundes NABU.

Powertipps

- Schau mal zusammen mit deiner Familie nach, ob ein Unverpacktladen in eurer Nähe ist, und geht dort einkaufen.
- Ausgespülte Smoothieflaschen oder Joghurtgläser eignen sich super zum Einkaufen in einem Unverpacktladen.

Schon gewusst, dass es Müllbeutel gibt, die Müll beseitigen?

Die Firma »Wildplastic« hat es sich zur Mission gemacht, die Welt vom herumliegenden Plastikmüll zu befreien. Dabei wird wildes Plastik, das in Ländern ohne funktionierendes Abfallsystem in der Umwelt zu finden ist, aufgesammelt und zu Müllbeuteln verarbeitet. So werden die Kunststoffe zurück in den Kreislauf geholt und bekommen einen neuen Wert.

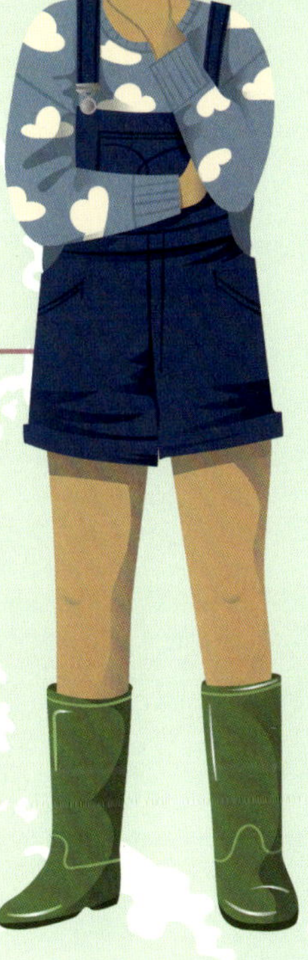

Daily Plastic – eine Gefahr für die Umwelt

Plastik ist überall. Fast 400 Millionen Tonnen werden pro Jahr produziert, davon landet leider eine große Menge im Meer. Auf jedem Quadratkilometer Meeresoberfläche treiben bis zu 18.000 Plastikteile. Ein Großteil davon sinkt auf den Meeresboden hinab. Plastik zersetzt sich nur langsam und gibt dabei kleine Teilchen Mikroplastik an die Umgebung ab, die so in die Nahrung der Meerestiere gelangen und sehr ungesund sind – am Ende auch für uns Menschen, wenn wir Fisch oder Meeresfrüchte essen.

Bunt und kreativ

Einen Tag vor der Messe trafen sich Kim, Franzi und Marie wieder auf dem Winklerhof. Franzis Bruder Stefan hatte sich bereit erklärt, die Freundinnen zum Aufbautag zur Stadthalle zu fahren. Die drei hatten sich zum frühen Frühstück im Hauptquartier verabredet, nun war es Zeit, aufzubrechen. Schnaufend zog Marie ihren schweren Koffer zum Auto. Kim folgte mit zwei riesigen Taschen, gefüllt mit ihren bunten Upcycling-Schränkchen. Franzi hatte ihre Plakate aufgerollt und trug sie unter dem Arm. Stefan, der an sein Auto gelehnt auf die Mädchen wartete und nun auf sie zukam, um ihnen ihre Sachen abzunehmen, staunte nicht schlecht. »Das soll alles mit?«

»Ja, wir müssen unsere Stände ja auch ordentlich ausstatten!«, informierte Franzi ihren Bruder.

»Na gut!«, murmelte Stefan und öffnete den Kofferraum. Er half Marie, den Koffer hineinzuhieven. Eine von Kims Taschen passte noch daneben, ihre zweite Tasche musste mit nach vorne auf die Rückbank. Franzis Papprollen legten sie auf die Kofferraumabdeckung, allerdings ragten sie ein gutes Stück darüber hinaus.

»Gut, dass die Fahrt nicht so lang ist«, sagte Kim, die ihre Tasche auf dem Schoß und eine von Franzis Rollen neben ihrem Kopf hatte.

Vor der Stadthalle angekommen, half Stefan noch, alles wieder auszuladen. »Viel Erfolg!«, wünschte er ihnen.

»Danke, Stefan!«, riefen Kim und Marie gleichzeitig und Franzi winkte ihm zu. »Ich ruf dich dann später an, wenn wir fertig sind, okay?«

»Ist gut! Das hab ich ja eingeplant.« Stefan winkte aus dem offenen Seitenfenster und fuhr los.

Die drei !!! schleppten alles hinein und fuhren mit dem Fahrstuhl in den ersten Stock.

Ein Mann, der sich als Herr Müller und für die Veranstaltung verantwortlich vorstellte, begrüßte sie und erklärte, dass sie die gesamte Halle drei zur Verfügung hatten und dazu Teile der Gänge drum herum.

»Wie heißt ihr denn und von welchen Schulen seid ihr?« Herr Müller zückte eine Liste.

»Kim Jülich, ich gehe auf die Georg-Lichtenberg-Gesamtschule.«

»Ich auch, mein Name ist Franzi Winkler«, erklärte Franzi.

Herr Müller hakte sie ab.

»Und ich heiße Marie Grevenbroich und komme vom Heinrich-Heine-Gymnasium.«

»Alles klar.« Noch mal setzte Herr Müller einen Haken, dann blickte er auf. »Kim, du hast deinen Stand da drüben am Fenster.« Er deutete nach links in den Saal hinein.

»Und du – da drüben rechts bitte, am Ende der Reihe!« Er zeigte auf Franzi. »Marie, du musst auch nach rechts abbiegen, zwischen Franzi und dir ist noch ein anderer Stand, du dann also daneben.«

»Okay, danke!« Die drei !!! griffen nach ihren Sachen und machten sich auf den Weg zu ihren Ständen, um sich einzurichten. Ein allgemeines Gemurmel war zu hören, überall wuselten schon

Schüler und Schülerinnen herum, hängten etwas auf, legten etwas auf den Tischen aus oder besprachen sich.

Marie genoss es, ihren Stand einzurichten. Zoe war auch gekommen, um ihr dabei zu helfen. Liebevoll faltete Marie Shirts, Röcke und Hosen und sortierte sie nach Größen, hängte Blusen, Jacken, Kleider und Pullover auf und fühlte sich, als hätte sie ihr eigenes kleines Geschäft. »Wie wäre es noch mit ein bisschen Deko?«, fragte sie Zoe.

»Gute Idee, an was hast du gedacht?«, wollte Zoe wissen.

Marie kramte bunte Papierblumen aus einem Kofferfach.

»Hast du die selbst gefaltet?«, wollte Zoe wissen. »Die sehen aber schön aus!«

»Nein, die habe ich vor einer Weile auf einem kleinen Kunsthandwerkermarkt gekauft. Sie haben mir so gut gefallen, aber bisher hatte ich noch keine Gelegenheit, sie zu benutzen. Sie sind aus Altpapier gestaltet und passen somit hervorragend zur Messe!«

»Super!« Zoe strahlte und Marie verteilte die Blumen über den Messetisch. Die beiden begutachteten den Stand.

Marie hob stolz den Kopf. »Also, ich würde sofort Lust bekommen, mit dem Klamottentauschen loszulegen!«

»Ich auch! Bestimmt wird es den anderen auch so gehen.« Zoe nickte Marie zu. »Ich geh mich jetzt ein bisschen bei den anderen Ständen umsehen, okay?«

»Na klar, ich auch. Bis später!« Marie ging rüber zu Kim. »Hey, dein Stand macht sich super hier am Fenster! Vielleicht scheint morgen ja sogar die Sonne auf deine bunten Kunstwerke«, meinte sie.

Marie strahlte Kim an, die alle Schränkchen auf dem Ausstellungstisch verteilt und noch ihre Entwurfszeichnungen dazugelegt hatte.
Auch Franzi kam herüber. »Du warst aber noch fleißig. Acht Schränkchen insgesamt, nicht schlecht!«, stellte sie fest.
»Danke, danke!«, erwiderte Kim zufrieden.
Die Freundinnen besuchten auch Franzis Stand. »Das Poster mit den Tieren und Pflanzen an der Stellwand ist super geworden!«, lobte Marie. »Das sticht ja schon von Weitem ins Auge!«
Gemeinsam gingen sie weiter zur Kleidertauschbörse. Kim war besonders begeistert von Maries Stand. »Das sieht ein bisschen aus wie in einem coolen, kleinen Klamottenladen!«

Am Ende des Aufbautages schlenderten die drei !!! mittags über die mittlerweile nahezu fertige Messe. Es gab wirklich viel zu sehen: einen Unverpackt-Stand, an dem man gegen Spenden verpackungsfrei Seifen, Shampoo, Hülsenfrüchte und Tee erstehen konnte; eine Leseecke, in der jemand Comics auf Recycling-Papier zum Thema *Energie* gezeichnet hatte; einen Stand von Friends for Future, der über ihre Arbeit informierte; dazu weitere Stände, an denen Ideen zu Wasser- und Artenschutz präsentiert wurden.
Kara aus Maries Klasse hatte zum Beispiel einen Pflanzenschutzstand gestaltet, über dem ein kleines Laken mit der Aufschrift *Pflanzen sind Freunde!* hing. Als Mitgebsel hatte sie winzige Samen-Fallschirme von Pusteblumen in kleinen Gläsern verstaut, an denen Schildchen mit *Wünsch dir was!* hingen und eine aufgerollte Mini-Liste der zehn aktuell am meisten bedrohten

Pflanzenarten in Deutschland. Sie hatte Pläne für Gärten entwickelt und wie man diese ausschließlich mit heimischen Pflanzen gestalten konnte.

»Seht mal da!«, rief Marie. Sie zeigte auf Lisas Stand ein Stückchen weiter. Lisa hatte eine Fotostory mit früheren und aktuellen Hofbewohnern gestaltet und dazu Flyer ausgelegt, die über Tierwohl und Massentierhaltung informierten. Seitlich hing ein Poster, auf dem eine Kuh mit ihrer Herde auf der Weide zu sehen war. In einem Fotobuch konnte man Steckbriefe und Lebensgeschichten von allen Tieren des Lebenshofes finden, von Meerschweinchen bis Bulle.

»Hallo, Lisa, das hast du echt toll hinbekommen!«, lobte Kim.

»Danke! Ich bin jetzt auch zufrieden, nachdem ich ein paar Mal umdekoriert habe«, sagte Lisa. Plötzlich glänzten ihre Augen noch mehr. »Stellt euch vor, unser Kälbchen Berni hat einen Freund gefunden! Gestern kam noch ein Neuzugang, auch ein Kälbchen, ungefähr in Bernis Alter. Seine Mutter ist gestorben und Bernis Mama Hilde hat sich seiner sofort angenommen. Und die beiden Kleinen haben so süß gespielt und gekuschelt! Ich konnte gar nicht aufhören, Fotos zu schießen.« Sie griff nach einem Stapel Bilder am Rande des Tisches. »Hier!« Sie gab Kim, Franzi und Marie jeweils ein Foto in die Hand.

»Oh, wie süß!« Franzi konnte sich kaum wieder einkriegen, aber auch Kim und Marie waren verzückt.

»Siehst du dich auch noch ein bisschen mit uns um, Lisa?«, fragte Kim.

Lisa deutete auf einige Stapel Flyer in ihrer Tasche. »Ich will die hier noch sortieren, ich stoße dann später dazu, ja?«

»Gut, bis dann!« Marie winkte Lisa zu und die drei !!! schlenderten weiter in der Halle herum. Sie kamen an einem Stand vorbei, über dem mit großen bunten Buchstaben *Voll vegan* auf einem Schild stand. Sie blieben stehen und sahen sich neugierig um.
»Woraus sind denn die Körbe?«, erkundigte sich Kim bei einem blonden Jungen am Stand.
»Hi, das sind Upcycling-Körbchen aus Altpapier geflochten. Da legen wir später das Gebäck rein. Wir haben auch Deckel dafür, damit die Sachen frisch bleiben. Ich bin so froh, dass alles rechtzeitig fertig geworden ist. Es gab noch eine Panne, weil der Ofen der Schulküche plötzlich seinen Geist aufgegeben hat, aber wir sind in der Küche meines Freundes Paul untergekommen.«
Ein Mädchen kam hinzu, das sich als Emma vorstellte. »Stimmt, Erik. Paul hat zwar gar nichts mit unserem Stand zu tun, er hat einen eigenen nebenan, aber zu Hause haben die eine riesige Küche.«
»Super!«, sagte Kim. »Und die Körbe sind echt schön. Ich habe einen Upcycling-Stand, vorne am Gang.«
»Ah, ich hoffe, dass ich morgen mehr Zeit haben werde, mir alles in Ruhe anzusehen«, entgegnete Erik, »heute war es einfach nur stressig.«
Vom Stand nebenan winkte ein Junge herüber. »Das ist übrigens mein Freund Paul. Er hat eine Recycling-Maschine für Handys entwickelt«, erklärte Erik.
»Cool! Das will ich mir unbedingt anschauen. Wir gehen mal rüber. Bis morgen!« Marie ging vorweg, auch Kim und Franzi blieben vor dem nächsten Stand stehen, neben dem ein Riesenplakat mit Bildern eines Forschungsprojektes hing.

»Hey, das sieht spannend aus!«, meinte Marie. »Du bist also Paul, der mit der Küche.«
Der Junge mit den braunen kurzen Haaren, die lustig zu Berge standen, lächelte. »Ja, genau. Hier gibt es aber nichts zu essen, nur Infos über Forschungen zu Nachhaltigkeitstechnologien. Ich entwickle eine Wiederaufbereitungsmaschine für Handys, damit sie weiter benutzt werden können. *Re-Use statt Recycling,* davon habt ihr bestimmt schon mal gehört. Was aber wirklich nicht mehr brauchbar ist, wird in Einzelteile zerlegt, so können die Kunststoffe und Metalle gerettet werden.« Seine Augen strahlten und ein Lachgrübchen wurde sichtbar.
»Deine Zeichnungen sehen megatoll aus. Richtig komplex und ausgefeilt!«, staunte Kim. »Ist das deine Maschine?« Sie zeigte auf eine Art Kasten mit zwei Greifhänden auf Pauls Messetisch.
»Ja, genau, aber das deckt erst mal nur einen Teil des Ganzen ab, nämlich den für Handys, die wirklich kaputt sind. Ich hab ein paar gesammelt, damit ich es ab morgen gut präsentieren kann. Aber die Weiterentwicklung hab ich nur auf Papier.«
»Wie funktioniert das denn genau?«, wollte Franzi wissen.
»Also, dieser Greifarm öffnet das Handy und der andere entfernt vorsichtig Akku und Platinen«, erklärte Paul.
Marie kräuselte die Stirn. »Aber das könntest du doch auch ohne Roboter schaffen?«
»Ja, schon. Aber die Maschine hab ich eigentlich für den Großeinsatz entwickelt, also dass man viele Handyinnenleben in kurzer Zeit retten kann, völlig ohne Ermüdungserscheinungen.« Plötzlich sah er leicht geknickt aus. »Wie gesagt, andere Arbeitsschritte habe ich bisher nur aufgezeichnet, das ist echt kompliziert, das Ganze.

Was schickt ihr denn mit ins Rennen? Habt ihr gute Chancen auf den Gewinn?«

Franzi zuckte mit den Schultern. »Keine Ahnung, ist ja alles echt gut, was hier so aufgebaut wurde. Ich zeige an meinem Stand, wie die stillgelegten Bahnschienen renaturiert werden können. Da soll eine Schutzzone entstehen.«

»Oh ja, das habe ich vorhin auf dem Weg durch die Halle schon gesehen.« Pauls Gesicht wurde ernst. »Nicht schlecht. Und ihr?«

»Mein Stand ist die Kleidertauschbörse.« Marie deutete vage hinter sich. »Die Leute werfen ihre Sachen viel zu schnell weg. Dabei kann man Kleidung prima wiederverwerten oder spenden. Ich habe eine eigene Secondhand-Kollektion kreiert. Ich interessiere mich sehr für Mode, und Fast Fashion ist so was von out. Hier, ich hab ein Foto vom Stand gemacht!« Sie hielt Paul stolz ihr Handy hin.

»Ah ja«, sagte Paul abwesend. Er rieb sich die Stirn.

»Ist alles in Ordnung?«, erkundigte sich Kim.

»Ich bin nur etwas müde nach all den Stunden.« Er setzte ein Lächeln auf. »Und du? Was hast du dir ausgedacht?« Er drehte sich zu Kim.

»Ach so. Bei mir am Stand findest du verschiedenste Modelle einer eigenen Upcycling-Möbel-Serie mit Schränkchen aus Getränkekartons.«

»Auch das noch«, murmelte Paul.

»Wie bitte?«, hakte Marie verwundert nach.

Ein Junge mit braunen Locken und grüner Farbe auf der Wange, der wartend am Rand gestanden hatte, ging einen Schritt auf die Mädchen zu. »Tja, Paul, die drei haben sicher bessere Chancen auf den Gewinn als du mit deinem Handyrettungskasten!«

»Lass mich in Ruhe«, sagte Paul unwirsch.
»War doch nur Spaß. Ich muss jetzt eh weiter, wollte dich aber dran erinnern, dass du uns gleich noch beim Malen hilfst, ja? Du wolltest doch eigentlich nur eine Pause machen und dann wiederkommen.«
»Ja, aber ich habe nun mal auch einen eigenen Stand, an dem es so einiges zu tun gab«, fauchte Paul den Jungen an.
»Ist ja gut. Ich geh schon mal vor.« Der Junge schlenderte davon. Die drei !!! sahen ihm nach.
»Wer war das denn?«, erkundigte sich Kim.
»Das ist Ben. Er geht jetzt zu Friends for Future rüber, also in den Extra-Bereich, den sie da drüben haben.«
»Ah, da ist meine Schwester auch!« Franzi strahlte.
»Ist sie mit in der Jury?«, wollte Paul wissen.
»Ja, genau.«
»Toll!« Pauls Gesichtsausdruck passte nicht zu seinen Worten. Er klang überhaupt nicht begeistert, sondern eher … erschrocken. »Ich muss dann mal …« Nachdenklich wandte er sich ab, verließ seinen Stand und lief Ben hinterher.
»Komisch, was ist denn auf einmal mit dem los?«, flüsterte Kim den anderen zu.
Franzi zuckte mit den Schultern. »Vielleicht ist er einfach nur ein bisschen überfordert. Man ist ja nicht alle Tage auf einer Messe. Oder er hat keine Lust, bei Friends for Future was anzumalen.«
»Ja, kann sein. Kommt, es gibt noch viel zu entdecken!« Marie zog Kim und Franzi mit sich. Auch die drei !!! besuchten die Themen-Stände von Friends for Future, die in einem abgeteilten Bereich der Halle untergebracht waren. Das hatten Kim, Franzi und Marie sich

für ganz zum Schluss aufgehoben. Die Friends hatten ganze Arbeit geleistet. Der *Raum des Regenwaldes* wirkte tatsächlich wie ein richtiger Wald. Aus einer Ecke drang exotisches Vogelzwitschern, an den Seiten standen Palmen in Töpfen, die Wände wurden mit grünen Solarlichtern angestrahlt und über einem langen Tisch hing ein riesiges Regenwaldbild, an dem Paul nun weiterarbeitete.
»Das sieht aber wirklich echt aus, so als wäre man mittendrin im Regenwald! Paul kann megagut malen, er hat irgendwie einen ganz eigenen Stil, findet ihr nicht? So ähnlich wie dieser eine Maler, wie heißt der noch?«, fragte Franzi die anderen.
»Van Gogh vielleicht? Jedenfalls kein Wunder, dass die Friends ihn engagiert haben!«, antwortete Kim.
Überall wuselten Jungen und Mädchen hinter den Ständen herum. Chrissie sprach gerade mit einem Jungen, als die drei !!! auf sie zukamen.
»Hey, Chrissie, das sieht einfach genial aus hier«, sagte Franzi.
»Danke, Schwesterherz. Ich bin auch zufrieden jetzt«, erwiderte Chrissie.
»Ich ebenso!«, sagte der Junge neben Franzis Schwester. »Hi!«
»Hallo, da bist du ja wieder, Ben, richtig? Ich bin Franzi und das sind Marie und Kim. Du hast auch an dem Bild da oben mitgemalt, oder?«
»Stimmt, ich habe aber nur die grünen Ränder gepinselt, an alles Weitere hat Paul mich nicht rangelassen. Woher weißt du das?«, fragte er.
»Na ja, das hat Spuren hinterlassen!« Marie fuhr sich mit dem Finger über die Stelle an der Wange, wo bei Ben noch grüne Rückstände des Kunstwerks zu sehen waren.

»Ach so!« Er lachte und wischte sich über das Gesicht.
»Ha, nun hast du die Farbe noch mehr verschmiert!« Marie kicherte.
»Wasch ich gleich ab«, sagte Ben gut gelaunt.
Lisa tauchte neben Kim, Franzi und Marie auf. »So, da bin ich endlich. Dieser Raum hat mich sozusagen magisch angezogen. Echt beeindruckend!« Sie nickte Ben und Chrissie zu. »Hi, ich bin Lisa und hab auch einen Stand hier, über Massentierhaltung. Meine Familie führt einen Lebenshof, wir geben ausgedienten Tieren aus der Industrie ein Zuhause.«
Ben lächelte sie an. »Das ist cool! Ab morgen schau ich mir alles in Ruhe an. Ich bin auch in der Jury.«
Lisa machte große Augen. »Na, dann bin ich gespannt, wie dir mein Stand gefällt.«
»Sagt mal, habt ihr eigentlich noch mehr zu dem Zeitungsartikel herausgefunden?«, hakte Franzi bei ihrer Schwester nach. Bens und Chrissies Gesichter verdüsterten sich. Im selben Augenblick betrat ein Mann den Raum. Er blieb einen Moment im Türrahmen stehen, als würde er damit rechnen, dass sich auf einen Schlag alle zu ihm umsahen.
»Ah, da ist Bernhard Berger, der Besitzer von *FairAngelFashion*«, meinte Marie.
»Und Sponsor der Messe!« Lisa klang richtig begeistert.
Herr Berger ließ den Blick schweifen und schritt dann auf Ben und Chrissie zu. »Hach, einfach wunderbar, was ihr da geschaffen habt!« Er nickte den beiden anerkennend zu.
»Danke!«, entgegnete Chrissie höflich.
Bens Miene blieb starr.

Bergers Blick ruhte kurz auf Bens Gesicht, bevor er weiterredete. »Das kann ja nur eine außergewöhnliche Messe werden. Ihr seid auch in der Jury, oder?«

»Ja, sind wir«, ließ Chrissie ihn wissen.

»Ihr werdet es zusammen mit der Bürgermeisterin, dem Naturschutzbund und den Leitenden der Schulen sicher nicht leicht haben, am Ende den Sieger oder die Siegerin zu küren. Ich finde es enorm wichtig, dass in der Jury auch die Jugend vertreten ist.«

»Ach ja?« Bens Augen funkelten. »Neulich in der Zeitung haben Sie uns noch als Krawallmacher und Unruhestifter bezeichnet.«

»Ja, das ... das tut mir leid. Ich finde Umweltschutzaktionen wirklich gut! Aber sie müssen sich eben in einem gewissen Rahmen bewegen. Letztendlich kamen dann wohl auch Missverständnisse hinzu.« Er sah Ben und Chrissie entschuldigend an. »Oh, ich sehe, da winkt mir jemand. Ich muss weiter.« Herr Berger ging davon.

»Boah, so ein Heuchler«, murmelte Ben.

»Hä, wieso das denn?« Lisa zog die Augenbrauen zusammen. »Er hat doch gesagt, dass er Umweltschutzaktionen gut findet! Ich folge seinem Account und manchmal denkt er sich sogar eigene Aktionen aus. Das finde ich richtig gut.«

»Wenn du das alles so glauben willst, dann bitte. Ich muss jetzt los. Bis morgen!« Ben winkte den anderen zu, nahm seine Tasche, dann war er verschwunden.

»Wo will der denn jetzt so schnell hin?«, wunderte sich Chrissie. »Eigentlich wollten wir noch was zusammen essen. Und die gesamte Jury wollte schon mal eine erste Runde drehen. Komisch.«

Artenvielfalt – Pflanzen

Artenschutz-Ziele

Artenschutz bedeutet, die Vielfalt an Pflanzen, Tieren und Lebensräumen zu bewahren und den Artenrückgang zu stoppen. Durch den Klimawandel und menschliche Eingriffe in die Lebensräume verschiedener Tier- und Pflanzenarten schreitet das Artensterben sehr schnell voran.
Je mehr Pflanzen und Tiere in einem Ökosystem sind, desto weniger anfällig ist es für Veränderungen und Stress. Deshalb ist es wichtig, die einzelnen Arten zu schützen.

Schon gewusst, dass diese Arten gefährdet sind?

Diese Pflanzen haben nicht nur verrückte Namen, sie gehören auch zu den bedrohten Pflanzenarten in Deutschland: Blasentang, Herzlöffel, Krähenbeere, Meeresleuchten, Stranddistel, Meersalat, Moorveilchen, Meersenf, Sanddorn und tatsächlich Löwenzahn!

Der Fashion Pact

Wie hängen Mode und Artenschutz zusammen? Tatsächlich ist die Modeindustrie sehr klimaschädlich und zerstört viele Lebensräume, zum Beispiel auch das Meer durch Mikroplastik. Seit 2019 gibt es den *Fashion Pact*, bei dem sich 30 weltbekannte Modefirmen mit 150 Marken zusammengetan haben für das Ziel, die Erderwärmung einzudämmen, die biologische Vielfalt zu erhalten und die Ozeane zu schützen, indem kein Einwegplastik mehr verwendet werden darf.

Powertipps

- Lasse Brennnesseln stehen! Die Schmetterlinge, besonders der Admiral, der Kleine Fuchs und das Tagpfauenauge, werden es dir danken.
- Wenn du eine Pflanze nicht kennst, dann mach ein Foto oder bestimme sie über eine App, aber reiße sie nicht heraus.
- Pflanze einen Baum.

Sabotage

Fröhlich plaudernd betraten die drei !!! am nächsten Tag die Stadthalle. Da sie heute nichts transportieren mussten, waren sie gemeinsam mit dem Fahrrad gefahren, vor lauter Aufregung deutlich früher als nötig.

»Nanu, sind wir die Ersten?«, wunderte sich Kim, als sie vor dem Messeraum standen. Die Tür zum Saal war noch geschlossen. Probehalber drückte sie die Klinke herunter. Die Tür ließ sich öffnen. Offenbar hatte der Hausmeister nicht abgeschlossen.

An den Ständen nah am Eingang war tatsächlich noch niemand.

»Wie die Ruhe vor dem Sturm!«, flüsterte Franzi.

Marie wandte sich in Richtung ihrer Kleiderbörse und hielt inne.

»Das gibt's doch nicht!«, rief sie und stürmte zu ihrem Stand.

Kim und Franzi folgten ihr eilig. Kleidungsstücke lagen auf dem Boden verstreut. Die ordentlichen Stapel auf dem Tisch waren zerwühlt. Franzi hob ein Shirt auf.

»Es ist kaum noch was übrig!«, rief Marie. Ihre Stimme überschlug sich fast. »Da wurde gestohlen!«

Kim lief eilig ein paar Schritte weiter zu ihrem Tisch. »Oh nein. Die Schränkchen sind weg! Alle weg!«, rief sie ungläubig.

Inzwischen trafen immer mehr Teilnehmende ein. Auch Paul und sein Freund Erik. »Oje, was ist denn hier los?«, fragte Erik. Paul jedoch schien mit einem Blick zu erkennen, was passiert war, und sah sehr betroffen aus.

»Wir wurden bestohlen!«, rief Marie.

»Was für ein Mist«, meinte Erik. »All die schönen Shirts, die ihr gesammelt hattet!«

Zoe kam schnaufend auf den Kleiderkreisel zu. »Sorry, ich bin etwas zu spät losgefahren, ich musste noch meinen platten Reifen wieder aufpum–« Doch weiter kam sie nicht, denn jetzt fiel ihr Blick auf den nahezu leeren Kleidertisch. Auch der Ständer dahinter war nur noch halb bestückt. »Diebe?«, kreischte sie.

Marie ließ die Schultern hängen und nickte.

Andere Stände waren ebenfalls betroffen. Von Franzis Bilderwand waren Fotos gerissen und zerfetzt worden. Und über den Stand *Wasserschutz ist Umweltschutz* war Wasser gekippt worden, sodass auf dem Plakat, das vorne am Tisch hing, jetzt nur noch *Was ist Umwelt* zu lesen war.

»Das alles muss doch irgendjemand bemerkt haben?«, überlegte Erik. Er winkte Emma zu, die gerade die Halle betreten hatte, und auch Paul hob grüßend seine Hand.

»Guten Morgen!«, rief Emma in ihre Richtung und lief zügig zum veganen Café auf der anderen Seite der Halle.

»Wer war nur über Nacht hier?«, fragte Marie in die Runde und strich traurig über eine klaffende Lücke auf ihrem Messetisch.

»Das frage ich mich auch«, murmelte Erik.

Paul schien es vor Schreck die Sprache verschlagen zu haben.

»Erik!«, rief Emma auf einmal. Alarmiert hob Erik seinen Kopf und hastete zum veganen Café. Die drei !!! und Paul folgten ihm. Emma hielt ein Körbchen nach dem anderen in die Höhe, alle waren leer. »Bei uns auch! Jemand hat fast alles gestohlen. Oder aufgegessen«, sagte sie mit matter Stimme. Erik seufzte tief und warf ihr tröstende Blicke zu, gleichzeitig sah man ihm an, wie enttäuscht er selbst war. »Wenigstens die Rezepte mit Inspirationen sind uns noch geblieben.« Erik blätterte durch einen Karteikasten mit Rezepten.

Paul stand neben dem Tisch und wirkte hilflos, immer noch schien er keine passenden Worte zu finden.

»Wir schauen mal, ob sonst noch jemand betroffen ist!«, ließ Kim Emma, Paul und Erik wissen. Sie lief zusammen mit Franzi und Marie alle Stände ab, doch an den anderen Tischen war alles unversehrt.

»Wir sollten mit dem Hausmeister reden«, meinte Kim.

Sie machten sich auf die Suche und fanden ihn unten im Erdgeschoss in der Nähe der Rezeption.

»Guten Tag, wir haben Stände auf der Umweltmesse und dort wurde über Nacht einiges durcheinandergebracht und sogar gestohlen. War unser Saal denn nicht abgeschlossen?«, erkundigte sich Marie bei ihm.

Der Hausmeister hob die Augenbrauen. »Doch, aber ich hatte lange zu tun. Ich habe erst sehr spät abgeschlossen, da wart ihr alle schon längst weg. Heute früh hab ich wieder aufgeschlossen, habe aber nicht in den Saal reingeschaut.«

»Und Ihnen sind im Gebäude oder draußen nicht irgendwo Shirts oder bunte Schränkchen aufgefallen?«, fragte Franzi.

»Nein, tut mir leid.«

Die drei !!! flitzten wieder zurück nach oben. Es herrschte allgemeine Unruhe. Von allen Seiten drangen Stimmen an ihre Ohren.

»Hast du schon gehört? Es wurde Kleidung gestohlen!«
»Heute Nacht ist hier jemand eingebrochen!«
So langsam hatten sich die Neuigkeiten wohl rumgesprochen.
Sie eilten zum Regenwaldraum, aber hier war alles wie am Tag zuvor. Chrissie stand vor dem großen Tisch. Sie diskutierte mit Herrn Berger und Herrn Müller, doch hielt sie inne, als sie die drei Freundinnen sah. »Hey, da seid ihr ja! Ich habe gerade erst gehört, was passiert ist, und habe schon nach euch gesucht, aber ihr wart nicht auffindbar. Das ist doch alles echt verrückt.«
»Wir waren unten und haben mit dem Hausmeister gesprochen«, ließ Kim sie wissen.
Franzi atmete tief ein und aus. »Ja, aber leider hat er nichts bemerkt. Was machen wir denn jetzt mit unseren Ständen? So können die beim Wettbewerb doch gar nicht mehr mitlaufen.«
»Ja, also, eigentlich soll die Jury heute alle Stände begutachten und sich eine Meinung bilden, bevor die Messestimmung ihre Entscheidung beeinflussen kann«, sagte Herr Müller. »Das geht ja nun bei euch nicht … Aber keine Sorge, darum werde ich mich selbstverständlich kümmern. Ich werde persönlich dafür sorgen, dass ihr keine Nachteile aus der Sache habt, auch wenn ich jetzt noch nicht so genau weiß, wie die Jury …« Herr Müller sprach nicht weiter.
Die drei !!! sahen sich enttäuscht an.
Ben kam hinzu und Berger warf ihm einen durchdringenden Blick zu.
»Da musste jemand ganz schön schleppen, vor allem, um einen Berg Kleidung und all meine Schränkchen davonzutragen«, überlegte Kim laut.

»Genau. Und das alles muss passiert sein, nachdem wir gegangen sind und bevor der Hausmeister zugeschlossen hat«, fügte Marie hinzu.

»Wo hätte die Person, die dafür verantwortlich ist, die Sachen nur so schnell hinschaffen können?«, grübelte Franzi.

»Vielleicht wurden sie ja gar nicht weit weggebracht, sondern zum Abfall geräumt, oder so?«, warf Ben ein. »Ich hab gestern den Hausmeister Kisten bei den Müllcontainern rumschieben gesehen.«

»Das schauen wir uns an. Wir sind gleich zurück!«, sagte Kim zu Chrissie, Ben, Herrn Berger und Herrn Müller. Die drei !!! machten sich direkt auf die Suche. Unten vor der Stadthalle fanden sie neben den Fahrradständern bei den Müllcontainern tatsächlich Kisten, die waren jedoch leer.

»Hey, seht mal!« Marie bückte sich und hob fassungslos eines ihrer gebatikten Shirts hoch, das offensichtlich hinter einen Container gerutscht war.

Franzi schüttelte den Kopf. »Wer will uns denn hier gezielt ausschalten und warum?«

»Und wieso diese fünf Stände und keine anderen?«, warf Marie ein.

»Vielleicht hatte die Person nicht mehr Zeit oder wurde unterbrochen.« Kim strich sich nachdenklich mit den Fingerkuppen über die Wange. »Mal sehen, was wir noch herausfinden können.«

Sie stiegen die Stufen wieder hoch und liefen zurück zum Regenwaldraum.

»Eigentlich hatte ich gedacht, dass ich heute vor allem an meinem Stand sitze, etwas über meine kleine Möbelkollektion erzähle und mich zwischendurch im veganen Café stärke. Stattdessen rasen

wir durch die Gegend, als wäre das hier eine Sportchallenge!«, keuchte Kim. Oben an der Treppe hielt sie kurz an, um durchzuschnaufen.
Im Regenwaldraum hielt Marie das Shirt als Beweisstück in die Luft. »Wir haben etwas gefunden!«
»Ben, wann hast du den Hausmeister denn an den Containern gesehen?«, wollte Franzi wissen. »Da kann das Shirt ja noch nicht rumgelegen haben, sonst hätte er es bemerkt.«
»Ich bin noch mal zurückgekommen, als die anderen schon …« Er hielt inne, als er bemerkte, was er da sagte. »… gegangen waren«, vollendete er seinen Satz.
»Du bist also früh gegangen, dann aber noch mal zurückgekehrt?«, hakte Kim nach.
Alle drehten sich zu Ben. »Stimmt das?«, fragte Chrissie ernst.
»Nein, natürlich nicht!« Er lief knallrot an. »Okay, ja, doch. Ich musste noch kurz zurück, weil ich was vergessen hatte, aber danach bin ich gleich losgefahren.«
»Ich finde es einfach so schade, dass diese wertvollen Projekttage sabotiert wurden.« Herr Berger sah sie bedauernd an. »Hier bei Friends for Future ist ja zum Glück nichts zerstört worden.«
»Was wollen Sie denn damit sagen?«, brauste Ben wieder auf.
Herr Berger seufzte und Herr Müller legte ihm beschwichtigend eine Hand auf die Schulter. »Wie gesagt, ich werde mich um die Sache kümmern.«
»Gut, ich habe sowieso gleich eine Besprechung und werde erst später wieder zurück sein. Könnten Sie mir bitte zügig Bericht erstatten, sobald Sie etwas in Erfahrung gebracht haben? Ich bin sicher, das ist auch im Interesse unserer Frau Bürgermeisterin. Wir

müssen das Ganze lückenlos aufklären! Ich habe gute Kontakte zur Presse, vielleicht bekommen wir auch Hilfe von dieser Seite.«
Ben ballte die Fäuste. »Ja, die schreiben dann den Unsinn, den Sie ihnen vorgeben. Wie viel haben Sie das letzte Mal dafür bezahlt?«
»Bitte werde nicht unverschämt. Ich habe bisher niemanden wegen der Geschichte in meiner Fabrik angezeigt«, sagte Herr Berger.
»Damit haben wir ja auch nichts zu tun«, sprang Chrissie ihrem Mitstreiter bei.
Herr Müller warf Ben einen Blick zu. »Bitte. Ich denke, es ist in unser aller Interesse, dass diese Sache schnell aufgeklärt wird.«
»Ganz genau! Vielen Dank, Herr Müller, dass ich mich auf Sie verlassen kann.« Berger eilte davon.
Herr Müller sah ihm nach und ließ die Schultern hängen. Chrissie und Ben zogen sich ein Stückchen zurück und verfielen in eine Diskussion.
Die drei !!! zwinkerten sich zu, dann holte Franzi ein silbernes Döschen aus ihrer Tasche. Sie klappte es auf und überreichte Herrn Müller eine Karte.

Der nahm sie überrascht entgegen, blickte drauf und wieder hoch. »Ihr seid Detektivinnen?«

Kim lächelte zufrieden. »Ja, das stimmt. Wir haben schon erfolgreich über hundert Fälle gelöst. Und wir haben ein persönliches Interesse daran, den Übeltäter oder die Übeltäterin zu finden.«

»Oh ja! Ich will unbedingt wissen, wer und was dahintersteckt!«, sagte Franzi grimmig.

»Wir helfen Ihnen gerne, diese Sache aufzuklären!«, erklärte Marie mit einem Lächeln.

Herr Müller überlegte. Er sah die drei !!! einen Moment eindringlich an, dann sagte er: »Also gut. Ich denke, ich kann jede helfende Hand gebrauchen, um diese Sache aufzuklären. Ich habe mit der Organisation der Veranstaltung schon genug um die Ohren.« Er blickte beunruhigt auf seine Armbanduhr. »Ach herrje, ich muss noch etwas für den Getränkestand besorgen, da war etwas schiefgelaufen. Gleich werden die Türen für ein paar geladene Besucher geöffnet. Und ich muss schnellstmöglich mit der Bürgermeisterin sprechen. Mir läuft die Zeit davon.«

»Gehen Sie nur, wir kümmern uns um den Fall. Sie können uns vertrauen!«, sagte Kim.

Herr Müller lächelte die drei !!! matt an, dann ging er hastig.

Erik, Emma und Lisa kamen auf die drei !!! zu.

»Ich habe gedacht, ich höre nicht richtig, als ich es eben erfahren habe.« Lisa schüttelte empört den Kopf. »Und da hatte ich eine Idee! Ich kann meinen Stand eine Weile allein lassen. Vieles, was ich ausgelegt habe, spricht sowieso für sich. Deshalb dachte ich, wir tun uns zusammen und backen das Nötigste nach, sodass das vegane Café seine Körbe wieder füllen kann!« Man merkte, dass

Lisa es gewohnt war, Aktionen zu planen und schnell zu reagieren, wenn Hilfe gefragt war. »Und später können wir euch bei euren Ständen natürlich auch noch unterstützen, wenn ihr wollt. Kara muss noch eben etwas an ihrem Stand erledigen, aber will dann auch dazustoßen.«

»Das ist eine richtig gute Idee. Ich bin dabei!«, rief Kim. Auch Franzi und Marie stimmten zu. Mit dem Lösen des Falls würden sie dann direkt nach dem Backen weitermachen.

»Ich bin ebenfalls dabei«, hörten sie eine Stimme. Es war Ben. »Ich habe mitbekommen, was ihr vorhabt, und helfe natürlich.«

»Gut, wenn wir jetzt losfahren, schaffen wir es vielleicht noch bis mittags zum Ende des Messetages. Es sind einfache Rezepte und das Gebäck hält sich dann ja ein paar Tage.« Erik sah schon wieder viel hoffnungsvoller aus. »Ich habe Paul gefragt und … ach, sag es selbst!« Erik warf seinem Freund einen dankbaren Blick zu.

»Wir können wieder zu uns nach Hause in die Küche gehen.« Paul klang nicht so begeistert wie Erik.

»Das ist aber nett von dir, Paul!«, sagte Ben in einem herausfordernden Tonfall.

»Du nervst«, knurrte Paul.

Als sie alle kurze Zeit später auf ihren Fahrrädern saßen und fleißig in die Pedale traten, wurde Pauls Laune wieder besser und er erzählte Kim begeistert noch mehr Details über seine Handykiste.

»Guten Tag, alle zusammen!« Pauls Mutter strahlte Kim, Franzi, Marie, Lisa, Kara, Emma, Erik, Ben und Paul an, die ihre Fahrräder vor der Haustür des rot gestrichenen Holzhauses geparkt hatten. Es sah so aus, als würde hier gleich eine Party beginnen.

»Herein, ich habe die Küche schon für euch vorbereitet, nachdem Paul mir geschrieben hatte. So könnt ihr direkt loslegen.«

»Danke!« Kim, Franzi und Marie liefen mit den anderen hinter Paul ins Haus. Im Flur gab es einen kleinen Stau, weil alle ihre Schuhe auszogen. Franzi blieb vor ein paar Baby- und Kinderbildern von Paul stehen.

Marie schaute ein Foto auf der anderen Seite des Flures an, ihr Blick wanderte von Ben zu dem Foto und zurück. »Hä? Bist du das?«

»Ja.« Er grinste.

Marie besah sich nun auch das Foto daneben ganz genau, auf dem Ben und Paul als kleine Kinder zu sehen waren – Ben legte Paul einen Arm um die Schultern und beide lächelten in die Kamera. »Ihr seid Brüder!«

»Finde ich gar nicht schlimm, wenn das nicht gleich jeder weiß. Falls Paul mal was Peinliches von sich gibt«, neckte Ben seinen Bruder, der nur mit den Augen rollte.

»Dass uns das nicht früher aufgefallen ist, eure Ähnlichkeit«, meinte Franzi verdutzt.

Ben grinste und gab den anderen ein Zeichen. »Kommt mit, zur Küche geht es hier entlang.«

Am hintersten Ende des Ganges, kurz vor der Tür zur Küche, hingen noch mehr Familienfotos. Auf einem Foto sah man Paul und einen älteren Mann. Paul sah so ähnlich aus wie jetzt, das Bild konnte also noch nicht so alt sein. Franzi zeigte auf das Foto und Paul, der hinter ihr ging, blieb stehen. Er seufzte tief. »Das ist mein Opa.« Er klang sehr traurig.

»Ein schönes Foto ist das, ihr strahlt beide so!«, sagte Franzi.

Paul ließ die Schultern hängen. »Leider ist er gestorben.«

»Oh, das tut mir sehr leid.« Franzi legte Paul eine Hand auf die Schulter. »Wann denn?«

»Vor drei Monaten. Ich vermisse ihn schrecklich.«

»Das kann ich gut verstehen.« Franzi sah noch mal zu dem Bilderrahmen.

»Wo bleibt ihr denn?«, rief Ben.

Die Küche war wirklich riesig. In der Mitte gab es eine frei stehende Kochinsel, zudem waren zwei Backöfen vorhanden.

Kim staunte. »Warum habt ihr denn so eine große Küche?«

»Ach, unsere Mutter liebt Kochen und Backen und wir haben oft Gäste. Außerdem gibt sie hier manchmal Koch- und Backkurse«, antwortete Ben.

Die Mutter der Jungen erschien im selben Moment in der Küche und stellte ein Tablett mit Gläsern auf dem großen Holztisch ab. Daneben stand schon eine Karaffe mit frischer Limonade. »Bedient euch!«

»Richtig toll, dass hier schon alles bereitsteht!« Lisa blickte dankbar erst zu Pauls und Bens Mutter, dann in die Runde.

»Das Beste wäre, wenn wir unsere beiden Klassiker backen – einmal süß, einmal herzhaft. Wollen wir uns aufteilen?«, erkundigte sich Erik.

Es hatten sich schnell zwei Gruppen gefunden. Paul, Marie, Lisa, Emma und Kara machten sich an die veganen Schokokekse, während Kim, Franzi, Ben und Erik alle Zutaten für das vegane Käseknabbergebäck zusammenmischten.

»Veganen Käse haben wir zum Glück noch, da ist gestern so viel übrig geblieben«, informierte Erik die anderen.

»Woraus besteht denn dieser vegane Käse?«, wollte Marie wissen.

»Wir haben Hafermilch, ein bisschen Kokosöl, Hefeflocken, Sauerkrautsaft, Tapiokamehl und Agar-Agar genommen, dazu natürlich Gewürze und Kräuter.« Erik schnitt ein Stückchen ab und hielt es Marie hin.

»Oh, der schmeckt richtig gut!«

»Ich kann von mir aus das Hobeln übernehmen, damit wir ihn mit dem Teig mischen können«, sagte Ben und zog eine Schublade auf. Paul drehte Musik auf und beide Gruppen kamen in bester Laune zügig voran. Sie schafften es in erstaunlich kurzer Zeit, jeweils eine riesige Menge Cracker und Kekse fertigzustellen. Die süßen und salzigen Snacks verstauten sie in fünf großen Kartons, die bis zum Rand gefüllt waren, als sie vorsichtig die Deckel schlossen.

»Die sind zwar groß, werden aber wohl gerade noch so auf unseren Gepäckträgern Platz finden«, meinte Ben.

»So kann es laufen, wenn wir alle helfen!«, freute sich Lisa. Auch allen anderen war anzusehen, wie viel Spaß die spontane Aktion gemacht hatte.

»Na, dann lasst uns schnell zurück zur Messe fahren!«, sagte Ben, drang aber nicht durch das Schnattern der anderen hindurch. Er bückte sich, um einen Flyer aufzuheben, den wohl jemand vom Tisch gefegt hatte, wobei ihm etwas aus der Tasche fiel. *Klonk* machte es und ein bunter Stein landete auf dem Boden und schlitterte ein Stück über die Fliesen. Vor Kims Füßen blieb er liegen.

»Das ist ja mein Glücksstein!« Sie sah Ben entgeistert an. »Der war in einer der Schubladen meiner Upcycling-Schränkchen! Als Glücksbringer!« Plötzlich war es sehr still in der Küche. Kim hob den Stein auf und legte ihn auf dem Tresen ab, damit alle ihn sehen konnten. Ben starrte sie mit offenem Mund an.

Klima und Ernährung

Essgewohnheiten: Was hat Ernährung mit Klima zu tun?

Unsere Ernährung macht mehr als ein Drittel unseres ökologischen Fußabdrucks aus, denn in jedem Lebensmittel stecken auch Klimagase. Die Rinderzucht verursacht Methan, für die Tierfutterpflanze Soja wird Regenwald abgeholzt, Tiefkühlessen benötigt viel Energie, Gemüse wird von Spanien nach Deutschland gefahren und so weiter.

Schon gewusst?

Die klimaschädlichsten Lebensmittel sind Butter, Rindfleisch, Käse, Sahne, Tiefkühlpommes, Schokolade, Schweinefleisch und Geflügel.

Powertipps

- Iss wenig Fleisch und frag nicht nach Erdbeeren im Winter!
- Kaufe nach Möglichkeit saisonal, regional und bio – also Obst oder Gemüse, das gerade um diese Jahreszeit geerntet wird – vom (Bio-)Bauern auf dem Markt!

Welchen Einfluss hat die Tierhaltung auf die Umwelt?

Weltweit verursacht die Tierhaltung etwa 20 % der klimaschädlichen Treibhausgase. Beim Düngen der Felder entweichen Lachgase, Rinder verursachen Methan und die viele Gülle der Tiere belastet die Umwelt, vor allem das Grundwasser. Für das Tierfutter Soja wird Regenwald gerodet und in Europa wird immer mehr Ackerfläche für die Anpflanzung von Futterpflanzen verwendet. Dadurch entsteht Monokultur, das heißt, dass in einem Gebiet nur ein und dieselbe Pflanze wächst, was die Artenvielfalt gefährdet. Auch werden für den Anbau von Futterpflanzen häufig Pestizide, also Spritzmittel, verwendet, die Insekten schaden. Oft ist Fleisch sehr billig und das liegt an der Massentierhaltung. Viele Tiere leben dabei auf engstem Raum, was für sie Stress bedeutet. Krankheiten breiten sich schnell aus und die Tiere bekommen Medikamente, die wir dann über das Fleisch zu uns nehmen.

Klug gefragt!

Detektivtagebuch von Kim Jühlich
Montag, 12:35 Uhr

Jetzt, wo wir wieder auf der Messe angekommen sind, muss ich erst mal Tagebuch schreiben, sonst platze ich!
Warum hatte Ben MEINEN Glücksstein in seiner Tasche? Hat er die Stände sabotiert und auch meine Upcycling-Möbel geklaut, in die ich so viel Arbeit gesteckt habe? Aber warum sollte gerade er die Stände sabotieren? Um Berger eins auszuwischen und so die von ihm gesponserte Messe schlecht dastehen zu lassen? Warum ist er so sauer auf Berger?
Als ich ihn bei ihm zu Hause gefragt habe, wo er den Stein herhat, hat er bloß gesagt, dass er ihn gestern am Ende des Tages auf dem Boden gefunden hätte. Klar, theoretisch könnte der Stein auch jemand anderem aus einem meiner Schublädchen gefallen sein und Ben hat ihn dann gefunden und aufgehoben. Trotzdem rückt er erst mal nach oben auf unserer Verdächtigenliste, denn er war ja später noch mal dort, als kein anderer mehr auf der Messe war. So hätte er doch die perfekte Möglichkeit gehabt!
Wir sind also unerwartet zu einem neuen Fall gekommen. Es gibt viele offene Fragen, denen wir nachgehen müssen. Da wir sogar doppelt betroffen sind, ermitteln wir auch für uns selbst. Wer hätte gedacht, dass die Umweltmesse auf diese Art spannend wird!

Franzi stand vor ihrer Tafel und klebte ein paar wenige Fotos, die noch zu retten waren, wieder zusammen. »Ich hätte echt nicht

gedacht, dass wir ausgerechnet hier auf der Umweltmesse ermitteln müssen. Dass wir einen Fall haben, finde ich toll, aber für meinen Stand und mein Projekt ist das alles einfach mies.« Sie seufzte, dann hellte sich ihr Gesichtsausdruck etwas auf. »Ich werde für morgen einfach ein paar neue Fotos ausdrucken.«
Marie strich ihr tröstend über den Arm.
»Ich bin mir sicher, dass wir dem Ganzen auf die Spur kommen werden.« Kims Augen bekamen einen aufgeregten Glanz. »Eine wichtige Sache habe ich Ben vorhin gar nicht gefragt! Lasst uns noch mal zum Regenwaldraum rübergehen, okay?«

Ben stand gerade auf der anderen Seite des langen Tisches, direkt unter dem gemalten Faultier, als die drei !!! den Raum betraten. Er unterhielt sich mit Chrissie.
»Hey, Ben, können wir dich kurz sprechen – allein?«, erkundigte sich Kim. Ben nickte, kam hinter dem Tisch hervor und ging auf die Detektivinnen zu. Er sah ihnen nacheinander in die Augen.
»Ich hatte ganz vergessen, dich zu fragen, wo genau du den Stein gefunden hast!« Kim sah ihn auffordernd an.
»Ja, also, der Stein, der lag an deinem Stand, auf dem Boden vor dem Tisch. Ich bin dran vorbeigegangen, als ich Paul was bringen wollte«, stammelte er.
»Er war also auch noch länger da?«, hakte Franzi nach.
Bens linkes Auge zuckte. »Ähm, ja, genau.«
»Und zu der Zeit waren meine Schränkchen noch da?«, wollte Kim wissen.
Ben überlegte angestrengt, dann schien er sich sicher zu sein. »Ja, da waren sie noch in der Halle.«

»Was hast du eigentlich gegen den Berger?«, wollte Marie wissen.
»Ach, der spinnt. Er hat mir gestern schon was zugezischt von wegen *Was glaubt ihr eigentlich, wer ihr seid?* oder so ähnlich. Der hat es auf uns abgesehen und will uns ständig was anhängen. Oder auch ganz besonders mir.«
»Deshalb wollen wir ja herausfinden, was wirklich passiert ist!«, sagte Franzi ernst.
Am Eingang zum Regenwaldraum tauchte Paul auf und sah zu Ben herüber.
»Hallo!« Kim winkte ihm, doch er schien es nicht zu bemerken.
»Ich muss mal eben zu ihm rüber«, murmelte Ben und lief schnurstracks auf Paul zu. Sie redeten angestrengt miteinander, aber die drei !!! konnten nicht verstehen, worüber, dann verschwanden sie aus ihrem Sichtfeld.
»Los, hinterher!«, wisperte Kim.
Sie fanden die beiden in dem Teil des Ganges, wo nichts für die Messe aufgebaut war. Es war schon von Weitem zu erkennen, dass die beiden sich heftig stritten. Je näher Kim, Franzi und Marie kamen, desto leiser wurden sie, bis sie schließlich ganz verstummten.
»Hey, Paul!« Marie sah ihn eindringlich an. »Was ist denn los?«
Pauls Wangen färbten sich rosa. »Ach nichts. Ich wollte Ben nur etwas erzählen.«
Ben presste die Lippen aufeinander.
»Sag mal, Paul, du warst gestern auch noch etwas länger hier, haben wir von Ben gehört. Hast du vielleicht etwas Verdächtiges bemerkt?«, wollte Franzi wissen.
Paul schüttelte verkrampft den Kopf und sah wütend zu seinem Bruder. »Nein, nichts.«

Ben trat von einem Fuß auf den anderen. »Ich muss gleich auf die Bühne. Also, ich geh dann mal!« Er entfernte sich hastig und ließ einen etwas zerknirschten Paul zurück.
»Ben tritt gleich mit Friends for Future auf der Bühne auf, sozusagen als krönender Abschluss des Tages«, erklärte Paul.
»Ja, stimmt, das hat meine Schwester mir erzählt!«, erinnerte Franzi sich.
»Falls dir doch noch etwas einfällt zu gestern Abend, sagst du es uns aber, oder, Paul?«, blieb Kim dran.
Er sah zu Boden. »Ja.«
Die vier gingen rüber zur Bühne. Kim, Franzi und Marie fanden drei freie Plätze gleich neben Lisa. Paul setzte sich zu Emma und Erik weiter hinten. Auch Kara saß bereits im Publikum.
»Das war aber sehr merkwürdig.« Marie sah sich noch einmal um. »Was ist nur los mit Ben und Paul? Worüber haben sie sich wohl gestritten?«
»Wer weiß, Brüderkram vielleicht. Viel komischer finde ich, dass so nebenbei rauskam, dass Paul gestern auch länger hier war. Eigentlich haben wir damit gleich zwei Verdächtige«, meinte Kim nachdenklich.
»Zu blöd, dass wir jetzt nicht mit den Befragungen weitermachen können«, murrte Franzi.
In diesem Moment drang von der Bühne eine Stimme zu ihnen herüber. Jemand klopfte mehrmals an ein Mikrofon und alle Köpfe wandten sich nach vorn.
Herr Müller stellte in der Mitte der Bühne das Mikrofon auf die richtige Höhe ein, neben ihm stand die Bürgermeisterin, die nun zu sprechen begann: »Ich möchte Sie, liebe Lehrer, Lehrerinnen,

Pressevertreter und Pressevertreterinnen, und natürlich besonders euch Jugendliche herzlich willkommen heißen zur diesjährigen Umweltmesse! Hier sind so viele tolle Ideen versammelt, von denen es einige ...«, sie räusperte sich, »nun ja, mit Startschwierigkeiten zu tun hatten, doch nun wünsche ich uns eine spannende Umweltmesse-Projektwoche! Das Programm hängt in der Halle aus, neben Workshops und kleinen Aktionen gibt es auch immer wieder interessante Vorträge. Zum Abschluss des heutigen Tages werden Mitglieder von Friends for Future einen Vortrag halten, ebenso wie Bernhard Berger, der Sponsor unserer Messe. Jetzt also erst mal Bühne frei für die Friends, und nochmals herzlich willkommen!« Die Bürgermeisterin setzte sich in die erste Reihe, wo auch schon Herr Berger Platz genommen hatte. Herr Müller blieb am Rand der Bühne stehen.
Nachdem Chrissie über die Funktion des Regenwaldes als Welt-Klimaanlage und ihre Funktion, CO_2 zu binden, berichtet hatte, ging es mit einem anderen Mitglied der Friends über die zurückgehende Artenvielfalt im Regenwald weiter. Als Ben an der Reihe war, verschränkte Berger demonstrativ die Arme.
»Ja, und was haben nun Plastik und Textilfabriken mit der Zerstörung der Regenwälder zu tun?«, fragte Ben in die Runde. »Das soll für die nächsten Minuten mein Thema sein.«
Bergers Hand schnellte in die Höhe und Ben hielt kurz inne. Herr Müller eilte zu Ben und nahm ihm das Mikrofon aus der Hand. »Für Fragen ist nach dem Vortrag Zeit. Jetzt wollen wir erst einmal alle Vortragenden in Ruhe zu Wort kommen lassen.«
Die drei !!! konnten Herrn Bergers Gesichtsausdruck von der zweiten Reihe aus nicht gut erkennen, als er die Hand langsam

wieder runternahm. Ben berichtete über den Zusammenhang zwischen Plastik und Erdöl und die vielen unterirdischen Erdölvorkommen in tropischen Regenwäldern. Auch Modekonzerne, die nicht auf entwaldungsfreie Lieferketten verzichteten, um an Naturkautschuk und künstlich hergestelltes Gummi auf Erdölbasis zu gelangen, ließ er nicht aus. »Somit trägt der Kauf bestimmter Mode zur Zerstörung des Regenwaldes bei. Vielleicht sogar die Sneakers, die du gerade trägst!«

Ein paar Zuhörende sahen an sich herab.

»Um an Erdöl zu gelangen, werden große Bereiche des Regenwaldes für die Erdölfirmen einfach plattgemacht. Und das ist noch nicht mal alles! Es kommt immer wieder vor, dass sich Öllecks auftun und die Umwelt verschmutzen, außerdem lagert sich das Öl auch in Erdschichten benachbarter Gebiete ab.«

Erst nach dem Vortrag, der viel Applaus bekam, sah Kim sich wieder im Publikum um und entdeckte, dass Pauls Platz leer war. »Seht mal, Paul ist nicht mehr da!«

»Er wollte doch unbedingt zuhören«, raunte Marie.

»Vielleicht ist er früher gegangen, damit wir ihn nicht noch mal ausquetschen können«, meinte Franzi.

Herr Berger hatte plötzlich keine Fragen mehr. Er stand auf und wartete hinter Herrn Müller am Bühnenaufgang, während die Friends nach und nach das Treppchen herunterstiegen und sich freie Plätze im Publikum suchten. Als Ben an Berger vorbeikam, heftete sich dessen Blick kurz auf ihn.

»Ja, also, nun darf ich euch und Ihnen Herrn Bernhard Berger vorstellen, den Sponsor unserer Umweltmesse!«, sprach Herr Müller ins Mikrofon.

Bergers Mundwinkel zuckten nach unten, als nicht sofort geklatscht wurde.

»Er wird einen Vortrag halten«, fuhr Herr Müller fort, »über Nachhaltigkeit in der Textilbranche, Biodiversität und Verantwortungsübernahme für die Umwelt.« Herr Müller übergab Berger das Mikrofon und verließ schnell die Bühne.

»Jetzt bin ich aber mal gespannt«, flüsterte Kim.

»Guten Tag! Ich bedanke mich für Ihr und euer zahlreiches Erscheinen zu meinem Vortrag, vielleicht einem der wichtigsten dieser Messe, denn wenn es um Verantwortung geht, sind wir, die Großunternehmer, die nachhaltig arbeiten, natürlich besondere Experten.«

Bens Hand schnellte in die Höhe. Doch dieses Mal kam Herr Müller nicht auf die Bühne, um darauf hinzuweisen, dass Fragen erst am Schluss gestellt werden sollten. Herr Berger nahm Ben wahr und ignorierte ihn, indem er einfach weiterredete. »Ich werde keinen Fachvortrag halten wie meine Vorgänger, sondern aus dem Nähkästchen plaudern.«

Ben schnaubte wütend und die drei !!! hörten Chrissies beruhigende Stimme vom Rand der Reihe, wo sie sich hingesetzt hatte. »Atmen, Ben. Wir werden am Ende alle unsere Fragen los, okay?«

Das »Plaudern aus dem Nähkästchen« stellte sich als allgemeines Gerede über die Wichtigkeit von nachhaltiger und gleichzeitig bezahlbarer Mode heraus. Immer wieder pries Berger seine neue Modelinie an.

»Und wir halten auch, was wir versprechen, im Gegensatz zu vielen anderen Marken«, prahlte er.

Marie atmete tief aus. »Boah, das ist doch echt kaum zu ertragen«, murmelte sie.

»Pst«, sagte Lisa und legte einen Finger auf die Lippen. »Jetzt hör doch erst mal weiter zu!«

Berger räusperte sich. »Deshalb achten wir von *FairAngelFashion* besonders darauf, nur umweltschonend gewonnene Baumwolle einzukaufen, für die keinerlei, und ich betone, keinerlei schädliche Chemie verwendet wurde. Besonders wichtig ist es uns also, Verantwortung für die Umwelt zu übernehmen und das, was wir versprechen, auch wirklich einzuhalten. Dazu gehört natürlich auch die Verantwortung für die Menschen – gute Arbeitsbedingungen sind für uns selbstverständlich. Wir arbeiten keinesfalls mit Textilfabriken und Lieferanten zusammen, in denen in viel zu langen Schichten für einen Hungerlohn gearbeitet werden muss. So haben wir es in unseren Verträgen vereinbart. Außerdem sind wir eine der ersten Firmen gewesen, die sich für den Fashion Pact, also für die Wiederherstellung der Biodiversität, verpflichtet hat. Unsere Rohmaterialien kommen nun mal aus der Natur und da wollen wir auf jeden Fall etwas zurückgeben. Da fällt mir noch etwas Wichtiges ein!« Er tat so, als wäre es ihm tatsächlich gerade eben erst eingefallen. »Demnächst wird hier in der Stadt unsere erste eigene Filiale eröffnen. Dort können Sie unser neues Bio-Modelabel live und in Farbe kennenlernen. Alle Messebesucher und -besucherinnen sowie natürlich ihr Teilnehmende bekommt für den ersten Einkauf einen Rabattgutschein von fünf Prozent!« Berger strahlte ins Publikum, sein Strahlen erstarb jedoch schnell, denn es kam keine große Reaktion von den Zuhörenden. »Ich schließe jetzt meinen Vortrag und bin froh, dass ich mit meinen Worten dazu beitragen konnte, den Anwesenden etwas aus dem echten Leben mit Umweltbezug präsentieren zu können.« Er stand auf und deutete eine Verbeugung an. »Herzlichen Dank!«

Es erklang ein verhaltener Applaus. Herrn Berger entglitten kurz die Gesichtszüge, dann hatte er sich wieder im Griff.

»Ist doch klar, dass da nicht so viel Applaus kommt wie beim Vortrag der Friends. Das war echt lahm!«, flüsterte Franzi.

»Fand ich nicht!« Lisa verschränkte die Arme.

Bens Hand schnellte erneut nach oben und gerade als Berger die Bühne verlassen wollte, kam Herr Müller ihm entgegen und griff überraschend schnell nach dem Mikrofon. »Und jetzt ist die Fragerunde eröffnet! Herr Berger, danke, dass Sie noch bleiben, um den jungen Leuten alles zu beantworten, was sie auf dem Herzen haben.«

Herr Berger presste die Kiefer aufeinander, trotzdem gelang ihm ein: »Selbstverständlich!«

Herr Müller zeigte auf Ben. »Der junge Mann von Friends for Future, bitte!«

Ben stand auf. »Herr Berger, ich habe in Ihrem wichtigen Nähkästchenvortrag zu Ihren diversen Verantwortlichkeiten vermisst zu hören, wie Sie gute Arbeitsbedingungen auch vor Ort, also in Ihren eigenen Hallen und Büros, umsetzen! Das wäre für uns wirklich interessant zu wissen.«

Bernhard Bergers Augen weiteten sich. »Das ist eine ungehörige Frage!«, ließ er Ben wissen.

Doch da schaltete sich die Bürgermeisterin ein. »Ich finde diese Frage tatsächlich spannend, denn den Jugendlichen sind diese

Dinge wichtig, und das finde ich sehr gut!«, sagte sie fröhlich und nickte Ben anerkennend zu.

Herr Berger sagte einen Moment lang kein Wort, dann hatte er sich wieder gesammelt. »In Deutschland gibt es das Arbeitsrecht, in dem festgehalten ist, welche Rechte und Pflichten Arbeitgeber und Arbeitnehmer haben. Vielleicht möchtest du da weiter recherchieren, das würde hier doch den Rahmen sprengen. Was ich sagen kann, ist, dass bei uns ein großartiges Arbeitsklima herrscht.«

Marie wartete kurz ab, ob Ben nachhaken wollte, dann stand sie auf. »Wie stehen Sie zu Fast Fashion und entsprechenden Trends?«

Die drei !!! beobachteten, wie Bergers Augen sich kurzzeitig weiteten, dennoch lächelte er. »Fast Fashion ist selbstverständlich kritisch zu sehen. Diese Art der Produktion entspricht nicht unseren hohen Qualitätsstandards und steht unserer Art der Arbeit völlig entgegen!« Er sprach gelangweilt, dennoch merkte man ihm an, dass ihm die Fragerunde zusetzte.

Chrissie erhob sich. »Sie haben betont, dass Sie nur Materialien verwenden, für die keine schädliche Chemie verwendet wird. Gibt es Ihrer Meinung nach auch nicht schädliche chemische Stoffe, die Sie tolerieren würden? Und was ist Ihnen der wichtigste Punkt in diesem Fashion Pact, um die Biodiversität wiederherzustellen?«

»Hach, was für großartige Fragen!«, schwärmte die Bürgermeisterin. »Daran merkt man, wie gut ihr informiert seid!«

Berger blinzelte. »Ich möchte das sehr gerne beantworten. Aber ich sehe gerade, wie spät es schon ist. Leider muss ich jetzt ein paar sehr wichtige Telefonate führen. Ich bin während der nächsten

Tage aber immer mal wieder auf der Messe anzutreffen, sprecht mich gerne an.« Mit diesen Worten drängte er sich an Herrn Müller vorbei und verließ die Bühne.

Es brach Gemurmel im Publikum aus, dann leerten sich nach und nach die Plätze.

Auch Kim, Franzi, Marie und Lisa erhoben sich. Sie hörten Ben schimpfen. »Das war ja wieder mal typisch für Berger, einfach so auszuweichen!«

»Ich weiß gar nicht, was du hast!«, rief Lisa zu Ben hinüber. »Er hat doch gesagt, dass man ihn persönlich ansprechen kann bei Fragen.« Lisa strich nachdenklich über ihr FAF-Shirt.

»Was hat Berger denn speziell gegen dich?«, wollte Franzi wissen. »Das hast du uns vorhin gar nicht richtig beantwortet.«

»Na ja, ich glaub halt, dass die Firma nicht so sauber produziert, wie Berger behauptet. Das habe ich ihm mal auf den Kopf zugesagt. Er will nicht nur sein schon vorhandenes Firmengelände vergrößern, sondern interessiert sich auch für alle möglichen weiteren zurzeit ungenutzten Flächen. Du kennst doch die stillgelegten Bahnschienen mit der ganzen Natur drum herum besonders gut, oder, Franzi?«

»Ja, da hab ich doch mein Projekt angesiedelt«, antwortete sie.

»Genau. Und das Gebiet steht auch auf Bergers Wunschliste.«

»Was, woher weißt du das denn?«, erkundigte sich Kim.

»Kann ich nicht sagen. Ich hab meine Quellen«, meinte Ben rätselhaft.

»Das kann der doch nicht machen«, empörte sich Franzi. »Da wohnen Eisvögel. Und bald hoffentlich Haselmäuse und Siebenschläfer. Die sind alle geschützt!«

»Ja, aber er will die Fabrik ausbauen und Arbeitsplätze schaffen. Die Bürgermeisterin hat bereits Interesse bekundet. Es gab da erst kürzlich eine Anhörung. Ich hab eine Online-Petition dagegen gestartet. Deshalb ist er sauer auf mich. Wollt ihr auch unterschreiben?«, fragte Ben.

»Klar!«, sagten Kim, Franzi und Marie wie aus einem Munde. »Wo denn?«

Ben rief mit dem Handy eine Seite auf und Franzi tippte ihren Namen ein. Marie und Kim schlossen sich an.

»Ich finde Petitionen grundsätzlich gut und das Gebiet sollte den Tieren und der Natur überlassen bleiben, aber fairerweise muss man sagen, dass das nichts zwischen dir und Berger ist, oder?«, mischte Lisa sich ein. »Warum fühlst du dich persönlich angegriffen?«

»So? Du hast ja nicht mitbekommen, was er mir noch zugeflüstert hat. Dass er sich etwas Hübsches für mich überlegt«, erwiderte Ben.

»Aber könnte er das nicht vielleicht nett gemeint haben? Ich kann mir das einfach so schwer vorstellen! Ich habe auf seiner Webseite einen Artikel gelesen, den er verfasst hat. Da schreibt er, wie er zu Tierschutz und Tierschutzhöfen steht, und er hat sogar an einen Hof wie unseren gespendet!«

Ben seufzte tief und wandte sich ab. Lisa zuckte mit den Schultern.

Nach dem Messetag machten sich die drei !!! zusammen mit Lisa auf den Weg zum Lebenshof.

»Danke, dass ihr heute wieder mithelft!«, rief Lisa von ihrem Fahrrad aus. »Die große Hühnerschar kam erst gestern Abend an, deshalb war ich heute früh auch so müde. Ich habe natürlich mitgeholfen, alle unterzubringen, bis Ma am späten Abend meinte, dass ich unbedingt schlafen gehen muss. Ich kann gar nicht erwarten, zu sehen, wie es ihnen jetzt geht!« Lisa fuhr vor Begeisterung noch ein bisschen schneller und Kim, die versuchte mitzuhalten, keuchte.

Am Tor des *Lebenshofes Weideglück* wurden sie fröhlich von Schweinchen Bello begrüßt. Das Ferkel lief grunzend auf die Mädchen zu, gefolgt von Miezi, einer dreibeinigen, äußerst verschmusten Mischlingshündin. Sie schnuffte gegen Franzis Fuß, dann hielt sie ihr den Kopf zum Streicheln hin. »Miezi, du Süße!« Franzi kraulte ihr die Ohren.

»Also, das mit den Tiernamen bei euch ist wirklich etwas verwirrend.« Marie musste kichern.

Sie gingen weiter zum Hühnerhaus, aus dem ein aufgeregtes Gackern drang.

»Hier haben sie ja alles, was Hühner so brauchen, damit es ihnen gut geht«, stellte Kim fest.

»Stimmt, ausreichend Platz, ein sicheres Haus und einen Sandplatz zum Baden und Putzen. Alles das, was sie nicht haben, wenn sie als Eierlegemaschinen gehalten werden«, sagte Lisa.

Sie lugten in das Hühnerhaus. Dort saß eine Gruppe sehr zerrupft aussehender Hühner.

»Oje!« Franzi zeigte auf zwei Hühner am Rand. »Was ist denn mit den beiden da? Haben die Pullover an?«

Lisa seufzte. »Ja, das sind Hühnerpullover. Die Hühner wurden mit so vielen anderen auf einem Haufen gehalten, dass sie sich gegenseitig die Federn ausgepickt haben. Und diese beiden sind ganz besonders betroffen. Sie sind fast nackt.«

»Das ist ja furchtbar.« Franzi schluckte.

Lisas Vater kam auf die Mädchen zu. »Hallo, ihr Messestand-Betreiberinnen! Und schön, dass ihr wieder da seid, Kim, Franzi und Marie. Wie ihr seht, haben wir Zuwachs bekommen.«

Die hintere große Tür zum großzügigen Freilauf des Hühnerhauses war weit geöffnet.

»Kein einziges Huhn geht nach draußen! Wie kommt das denn?«, wollte Marie wissen.

»Es dauert, bis sie sich ins Freie trauen. Bisher waren sie nur in Hallen und kennen die Welt da draußen gar nicht. Sie müssen sich erst mal dran gewöhnen«, sagte Lisas Vater.

»Au Mann, das ist echt traurig«, flüsterte Kim.

»Das stimmt, aber in ein paar Tagen sieht das hier schon ganz anders aus!«, ließ Lisas Vater sie wissen. »Wie lief denn euer erster Messetag?«

»Ein paar Stände wurden sabotiert, unter anderem auch die von Franzi, Marie und mir«, antwortete Kim mit einem frustrierten Unterton. »Sachen sind weggekommen oder zerstört worden.«

»Was, das gibt es doch nicht! Konntet ihr das aufklären?«, wollte Lisas Vater wissen.

»Noch nicht«, entgegnete Franzi.

»Aber wir sind da an ein paar Spuren dran«, ergänzte Marie.

»Ja, hoffentlich klärt sich das bald. Es gab einen coolen Vortrag von Friends for Future und einen von Bernhard Berger.«

»Ach ja, der Bernhard«, murmelte Lisas Vater.

»Kennen Sie ihn etwa persönlich?«, hakte Marie nach.

»Ja, das tue ich. Von der Uni. Leider ist er mir als äußerst unsympathisch in Erinnerung. Während der Unizeit war er jedenfalls alles andere als ein Teamplayer, sondern sehr egoistisch«, erzählte Lisas Vater.

»Man kann sich doch auch ändern!«, maulte Lisa. »Das gilt für Mensch und Tier!« Sie zeigte auf eine Ziege auf einer Wiese schräg hinter dem Hühnerhaus. »So wie Gesine, die braun-weiße da. Die war superaggressiv, als sie hier ankam. Aber jetzt, seht selbst!«

Gesine kuschelte liebevoll mit einer ohrlosen dunkelbraunen Ziege.

»Vielleicht hast du recht«, brummelte Lisas Vater. »Aber jetzt lasst uns zu den anderen Neuen gehen. Es ist wieder Zeit, dass sie eine kleine Stärkung bekommen. Die Hühnerbande wird sich auf jeden Fall zum Positiven verändern, Tag für Tag ein bisschen. Ihr werdet staunen.«

Regenwald – weltgrößte Klimaanlage

Besondere Merkmale des tropischen Regenwaldes

Scheint im Amazonas-Regenwald die Sonne, verdunstet Feuchtigkeit in großen Mengen über dem Wald und den Flüssen, dadurch entstehen »fliegende Flüsse«. Auf diese Weise wird der Atmosphäre Wärme entzogen und die Erde wird gekühlt. Zudem nehmen die Regenwaldbäume pro Jahr große Mengen an CO_2 auf und geben Sauerstoff (O_2) ab, diesen Vorgang nennt man Fotosynthese. Der Regenwald kühlt also die Erde, er bremst die globale Erwärmung und speichert CO_2. Er ist dabei ein sogenanntes »Kippelement« des Klimawandels – bricht der Regenwald zusammen, werden riesige Mengen an CO_2 freigesetzt.

Powertipps

- Vermeide Palmöl, das häufig in Brotaufstrichen und anderen Schokoladenprodukten, aber auch in vielen Fertiggerichten oder sogar in Zahnpasta und Duschgel enthalten ist.
- Kaufe dir ein gebrauchtes Handy!
- Packe deine Geschenke in Zeitungspapier ein oder verwende anderes Papier, das du nicht mehr benötigst!

Warum wird der Regenwald abgeholzt?

Dafür gibt es viele Gründe: Zum einen wird Tropenholz für den Möbelbau und die Papierherstellung benötigt. Auf den gerodeten Flächen wird nach Erdöl oder anderen Bodenschätzen gebohrt, die unter anderem für Handys benötigt werden. Außerdem werden dort Rinder gehalten, es werden Futterpflanzen wie Soja angebaut, aber auch Ölpalmen oder Kaffee und Bananen. So wird der Lebensraum von vielen Tieren zerstört.

Schon gewusst, dass sich die grüne Lunge der Welt in unseren Meeren befindet?

Vor allem die Meere sind bedeutend bei der Bildung von Sauerstoff: Die Meere beheimaten Algen, die Fotosynthese betreiben und damit mehr als die Hälfte des Sauerstoffs herstellen, den wir atmen. Allerdings nimmt das Chlorophyll, der Farbstoff, mit dem die Pflanzen Sonnenlicht einfangen und der für die Fotosynthese wichtig ist, in den Weltmeeren stark ab. Ein Grund dafür ist die Erwärmung der Meere. Durch den Rückgang an Chlorophyll wird der Nachschub an Sauerstoff langsamer.

Neue Kleider für Marie

Am nächsten Morgen radelten die drei !!! wieder zusammen zur Stadthalle, allerdings waren sie heute spät dran, weil Kim auf dem Weg drei Mal fast ihre Riesentasche mit den beiden frisch gebastelten Upcycling-Schränkchen vom Gepäckträger gekippt wäre. Die Fahrradständer am Haupteingang waren schon überfüllt.

»Es gibt noch einen Seiteneingang. Lasst uns doch dort parken«, schlug Franzi vor. Tatsächlich war hier noch jede Menge Platz.

»Ich finde es übrigens supertoll, dass wir gestern Abend noch so fleißig waren.« Kim strahlte. »Als ihr weg wart, hab ich sogar noch weitergemacht.«

»Wo hast du nach dem langen Tag nur die Power hergenommen?«, fragte Marie.

»Ach, ich bin mittlerweile so eingespielt mit dem Bauen und Basteln. Es lag noch alles bereit und hat mich angelacht, da ging es recht schnell, noch ein Schränkchen fertigzustellen.«

»Ich habe einige Fotos noch einmal ausgedruckt und werde sie gleich an meine Stellwand pinnen«, ließ Franzi die anderen wissen.

Marie zog einen Mundwinkel nach unten. »Ich bin noch mal meinen Kleiderschrank durchgegangen und hab zwei Shirts gefunden. Am Stand wird es aber trotzdem noch sehr leer aussehen.« Sie seufzte. »Wir können direkt hier reingehen, dann müssen wir nicht noch mal vorne rum. So sind wir schneller bei unseren Ständen. Und du musst deine Kunstwerke nicht mehr länger als nötig tragen, Kim.«

»Danke, so schwer sind die ja nicht, nur sperrig«, erwiderte Kim und ruckelte die Schränkchen auf ihren Armen zurecht.

Sie landeten in einem Verwaltungsbereich der Stadthalle, wo Berger sich gerade auf dem Gang mit der Bürgermeisterin unterhielt. Die drei !!! warfen sich einen schnellen Blick zu und versteckten sich dann hinter einem Ständer mit Flyern.

»Ja, sehr gerne, Sie wissen ja, wie mir die Natur am Herzen liegt. Und natürlich, dass die Menschen dieser Stadt Arbeit finden. Mit dem Ausbau schaffe ich viele neue Arbeitsplätze. Schließlich arbeiten wir mit kleinem ökologischem Fußabdruck, das könnte auch ein gutes Aushängeschild für die Stadt sein. Klar, die Natur muss uns erst mal ein klitzekleines bisschen weichen, aber dafür sind die vielen Wildblumenstreifen als Ausgleich gedacht. Ich möchte so viele Blumen wie irgend möglich pflanzen, natürlich viel mehr, als ich müsste. Sie haben unser Konzept ja vorliegen. Selbstverständlich wollen wir auch dem Insektensterben entgegenwirken.« Berger lächelte einnehmend.

»Ja, diese grüne Produktion, wie Sie sie nennen, klingt wirklich interessant«, meinte die Bürgermeisterin. »Im Kostenkonzept gibt es allerdings noch Punkte, die ich mit Ihnen besprechen muss.«

»Nun, wir legen eben Wert auf Qualität. Andere pflanzen irgendwo im Regenwald Bäume, aber wir sorgen lieber für grüne und bunte Oasen an unserem Standort.« Berger schüttelte der Bürgermeisterin die Hand.

»Mist, wären wir nur ein wenig früher hier gewesen! Dann hätten wir mitbekommen, ob es um die Bahnschienen ging«, flüsterte Marie. Sie drückte sich mit Kim und Franzi noch näher an die Wand. Ein Handy klingelte.

»Verzeihen Sie, da muss ich dringend rangehen!«, sagte Herr Berger aufgesetzt freundlich. »Bitte entschuldigen Sie mich. Bis später.«

Seine Schritte näherten sich und Kim deutete hektisch auf die nächstgelegene Tür. Franzi öffnete sie und die drei sprangen gerade noch rechtzeitig hinein. Eine Frau blickte von ihrem Computer auf. »Oh, kann ich euch helfen?«

»Entschuldigung! Wir haben Stände bei der Umweltmesse und haben uns wohl verlaufen«, sagte Marie.

»Ach so, ihr müsst nur zwei Mal links abbiegen, dann seid ihr wieder auf dem Gang, der zu eurer Messehalle führt.«

»Danke!« Marie zog Kim und Franzi mit sich aus dem Zimmer und atmete tief durch. Herr Berger war glücklicherweise mittlerweile vorbeigegangen. »Puh, das war knapp! Jetzt müssen wir ihn nur schnell wiederfinden! Wo würdet ihr hingehen, wenn ihr hier ungestört telefonieren wolltet?«, fragte Marie.

Franzi überlegte. »Ich glaube, nach draußen.«

»Ich auch. Dann los!«, sagte Kim.

Tatsächlich fanden sie Herrn Berger mit dem Handy in der Hand auf dem Parkplatz an sein Auto gelehnt. Die drei !!! duckten sich und gingen hinter einem Auto, das neben Bergers geparkt hatte, in die Hocke.

»Sei doch nicht so naiv! Das wird schon klappen mit dem Fabrikausbau. Ich hab alles geklärt!«, hörten sie ihn sagen. Dann trat eine längere Pause ein. »Nein, das wird kein Problem sein. Ich habe die Bürgermeisterin schon auf meiner Seite. Ich hab ihr angeboten, viel mehr Blühstreifen als nötig zu finanzieren. Jetzt musst du nur noch die Sache mit den neuen Siegeln klären. Ja, danke. Halt mal, Höve ...« Die Stimme wurde leiser und sie verstanden nichts mehr.

Franzi machte große Augen. Marie legte ihren Zeigefinger auf die Lippen.

»Ja, ich melde mich wieder. Bis dahin einfach Ruhe bewahren. Auf Wiederhören!« Sie vernahmen Bergers rasche Schritte, die erst näher kamen und sich dann wieder von ihnen entfernten.

Marie lugte vorsichtig am Auto vorbei. »Er ist wieder reingegangen. Was führt der im Schilde?«

Kim stellte in der Halle als Erstes ihre beiden Schränkchen ab, dann gingen die drei !!! weiter zum Kleiderkreisel-Stand. Dort trafen sie auf Maries Stiefmutter Tessa, die sich angeregt mit Berger unterhielt. Er wirkte so ganz anders als eben am Auto. Locker und fröhlich.

»Guten Morgen!« Zoe begrüßte die drei !!!.

Tessa sah auf. »Hallo! Ich bin doch jetzt schon vorbeigekommen, weil sich bei mir spontan ein Termin verschoben hat. Ich bringe dir wie versprochen etwas zum Auslegen und Aufhängen, damit du nach dem Kleiderklau wieder ein bisschen mehr anzubieten hast.«

»Hallo, Tessa!«, begrüßte Marie sie. »Danke, dass du vorbeigekommen bist und Shirts spendest, und dann auch noch in Bioqualität. Das ist toll.«

»Gerne! Es ist schließlich echt mies, was hier passiert ist. Dabei hattet ihr so fleißig aussortiert und gesammelt! Wisst ihr schon, wer dahintersteckt?«, erkundigte sich Tessa und ließ ihren Blick kurz durch die Halle schweifen.
»Nein, leider nicht«, antwortete Herr Berger, obwohl Tessa ihre Frage eigentlich an Kim, Franzi und Marie gerichtet hatte. »Es tut mir so leid für die Schülerinnen. Sie haben sich so viel Mühe gegeben.« Herr Berger klang sehr betroffen und sah die drei !!! mitleidig an. »Wir von *FairAngelFashion* produzieren übrigens ebenfalls in höchster Bioqualität und unter allen Maßgaben der Nachhaltigkeit. Dadurch sparen wir hunderte Millionen Liter Wasser ein«, wandte er sich jetzt an Tessa. »Demnächst bringe ich noch eine neue Bio-Linie auf den Markt. Sie wird sogar meinen Namen tragen.« Er lächelte stolz.
»Toll, dann sind wir ja Kollegen! Ich habe selbst ein kleines Label, *Think Nature*. Ich entwerfe meine Öko-Baumwoll-T-Shirts selbst. Hier!« Tessa gab Berger eines ihrer aussortierten Shirts in die Hand.
Er zog erstaunt die Augenbrauen hoch. »Das ist wirklich interessant!« Er betrachtete das Shirt von allen Seiten und legte es dann zurück auf den Messetisch.
Kim, Franzi und Marie halfen mit, die neuen Kleidungsstücke zu den verbliebenen auf den Tisch zu legen, sodass alles gut sichtbar war.
»Wollen wir nach Farben oder nach Größen sortieren?«, fragte Franzi.
»Wir hatten gestern alles nach Größen sortiert, so findet man sich schnell zurecht«, sagte Zoe.

»Ich habe da eine gute Idee! Natürlich werde ich für die Kleiderbörse auch noch ein paar Kleidungsstücke beisteuern, damit das Ganze wieder so richtig in Gang kommt. Ich werde sie euch morgen vorbeibringen.« Herr Berger sah zufrieden aus.
»Ja, prima, danke«, entgegnete Marie. »Sie kommen mit dem Auto, richtig? Da ist der Transport ja kein Problem für Sie. Wir haben Sie vorhin auf dem Parkplatz gesehen, daher vermute ich das.«
»Ach ja?«, antwortete Berger ein wenig zu laut. »Richtig, richtig ... Ich habe noch Telefonate geführt, weil ich dieser Tage mein Büro nicht so häufig von innen sehe wie normalerweise. Ich möchte auf der Messe präsent sein, das ist diese Woche meine Priorität.«
Einige Momente lang sagte niemand etwas. »Während ich so dasaß im Auto, hab ich mir die Zeit genommen, noch kurz zu meditieren.«
Kim zog die Augenbrauen hoch. »Sagten Sie nicht, dass Sie im Auto noch wichtige Telefonate führen mussten?«
Bergers Nasenflügel weiteten sich. »Ja, das auch.« Er sah den drei Mädchen in die Augen. »Werde ich etwa verhört, oder was?« Er lachte schallend.
Die drei !!! antworteten nicht.
Herr Berger kratzte sich im Nacken. »Ich muss jetzt weiter. Termine, Termine! Bis später dann! Alles Gute für eure Stände!« Er winkte ihnen zu, lächelte freundlich und ging mit schwungvollem Schritt davon.
»Der ist wirklich schwer einzuschätzen«, flüsterte Kim Franzi und Marie zu.

»Ein netter Mann!«, sagte Tessa fast zeitgleich. »Wenn er nun auch noch Kleidung spendet, habt ihr auf jeden Fall wieder genug, um den Kleiderkreisel am Laufen zu halten.«
»Kara, Emma und Erik haben heute früh auch noch Sachen abgegeben«, informierte Zoe die anderen.
»Ha, cool. Es wird alles wieder.« Marie strahlte. »Jetzt müssen wir nur noch deinen Stand herrichten, Franzi. Wir helfen dir mit den Fotos. Ich komme danach zurück, Zoe, okay?«
»Alles klar!« Zoe nickte.
»Tschüss, Tessa, und danke noch mal!«, rief Marie.
»Gerne. Viel Erfolg weiterhin!« Tessa winkte den dreien zu.

An Franzis Stand hängten die drei !!! die neu ausgedruckten Fotos wieder auf, ein paar der Steckbriefe konnten auch gerettet werden. Die Wand sah jetzt wieder einigermaßen gut bestückt aus, dazu hatte Franzi gestern Abend noch eine Zeichnung ihrer Idee angefertigt, die wie eine Schatzkarte aussah. »Weil das ganze Gebiet wie ein Schatz ist, jedenfalls für die Natur«, meinte Franzi und beschwerte das auf dem Tisch ausgebreitete postergroße Blatt an den Ecken mit Steinchen aus ihrem Garten, damit es sich nicht wieder zusammenrollte.
»An Karas Stand war ich bisher erst zwei Mal ganz kurz. Wollen wir sie mal besuchen?«, wollte Marie wissen, als an Franzis Stand alles fertig war.
»Gerne!«, sagte Kim.
Franzi hob den Daumen in die Höhe. »Ja, ich möchte auch noch mal ihre Liste mit den bedrohten Pflanzenarten checken. Davon kann ich einige in mein Projekt aufnehmen.«

Doch Kara war nicht an ihrem Stand, stattdessen fanden die drei !!! sie bei Kims Upcycling-Möbeln, die sie mit gerunzelter Stirn anstarrte.
»Hey, Kara!«, rief Marie. »Hier bist du!«
Sie zuckte zusammen. »Ja, ich hab mitbekommen, dass du noch mal gebastelt hast. Die sehen richtig toll aus!« Kara rieb sich nervös mit der Hand über den Arm. »Jetzt muss ich schnell wieder zurück zu meinen Sachen.« Kara wirkte atemlos, sie drehte sich plötzlich um, als befürchtete sie, jemand würde hinter ihr stehen, und riss dabei eines von Kims Schränkchen zu Boden. »Oh nein, nicht schon wieder«, flüsterte sie, hob Kims Upcycling-Werk, so schnell sie konnte, wieder auf und stellte es auf den Tisch zurück. »Entschuldige, Kim. Ich muss dringend zurück!« Sie wandte sich ab und lief quer durch die Halle davon. Die drei !!! warfen sich fragende Blicke zu.

Detektivtagebuch von Kim Jülich
Dienstag, 10:54 Uhr

Es ist noch immer nicht klar, wer unsere Stände verwüstet hat. Zu den zwei Verdächtigen Ben und Paul ist nun auch Kara dazugekommen. Wir haben sie allein an meinem Stand entdeckt. »Nicht schon wieder«, hat sie geflüstert, als sie eines meiner Schränkchen aus Versehen runtergefegt hat, aber natürlich habe ich es gehört. Also war sie schon mal damit in Kontakt gewesen? Wollte sie die neuen Schränkchen etwa wieder klauen? Aber wozu das alles?
Und dann dieser Bernhard Berger. Einerseits ist er nett. Lisa ist ein großer Fan von ihm, weil er sich für den Tierschutz einsetzt und sie seine Bio-Kleidung liebt. Aber wird vielleicht wahr, was Ben sagt, und Berger baut auf dem Gebiet der stillgelegten

Bahnschienen? Das wäre dann gar nicht nett. Dazu dieses Telefonat auf dem Parkplatz, das wir belauscht haben. Mit wem hat er da gesprochen und über was genau?
Das sind so viele Puzzleteile, die irgendwie alle nicht so richtig zueinander passen wollen. Ich hoffe, dass wir bald herausfinden, was und wer wirklich hinter dem Ganzen steckt. Wir müssen einfach unsere ganze Kraft und unseren ganzen Grips in den Fall stecken. Wer auch immer versucht, etwas zu vertuschen – wir müssen einfach immer einen Schritt voraus sein, um ihn oder sie zu überführen.

Geheimes Tagebuch von Kim Jülich
Dienstag, 11:15 Uhr

► Wer das liest, darf niemals mehr die Schokotraumkekse aus dem veganen Café probieren! ◄
Als Franzi und Marie nach dem langen Tag gestern noch mit zu mir gekommen sind, um mir beim Basteln zu helfen, hab ich wieder mal gespürt, dass ich die besten Freundinnen auf der ganzen Welt habe. Besonders Franzi hatte nach unserem Besuch bei den Hühnern so müde ausgesehen. Ich weiß, dass sie der Anblick der gerupften Hühner sehr mitgenommen hat. Außerdem ist sie eigentlich nicht so der Bastelfan, erklärte sich aber dennoch bereit, fein säuberlich Blumen, Bäume und Herzen aus Zeitschriften auszuschneiden, damit wir das Schränkchen bekleben und schön dekorieren konnten. Und Marie hat das Innere des Schränkchens in Angriff genommen, während ich Tetrapak-Schublade für Tetrapak-Schublade mit Franzis ausgeschnittenen Motiven beklebt habe.
Erik und Emma hatten mir nach dem Backen ebenfalls ihre Hilfe angeboten, was ich sehr nett fand. Auch wenn durch die Sabotage einiges durcheinandergeraten ist – ich fühle mich wohl auf der Messe. Wir alle haben mit viel Einsatz an unseren Umweltschutzideen gearbeitet und halten zusammen. Wenn wir die Welt retten wollen, geht das wohl auch nur so. Meine Mutter hat mir vor dem Schlafen gestern

noch eine heiße Hafermilch mit Sirup gemacht. Ich muss zugeben, dass die ganz schön guttat und ich schnell einschlafen konnte.

PS:
Ich stelle mir vor, wie ich nach Frankreich und dann noch auf einem Schiff fahren darf, um das Meer zu erkunden und Rettungspläne zu schmieden. Vielleicht würden mir genau dort die tollsten Ideen kommen. Ich gebe es zu: Ich würde echt so richtig gerne den ersten Preis gewinnen.

Wasser – kostbares Nass

Blauer Planet

Wenn man unseren Planeten von oben betrachtet, sieht man, dass 70 % unserer Erde mit Wasser bedeckt sind. Davon sind jedoch nur 0,3 % Süßwasser, also Trinkwasser. Wasser ist überlebenswichtig, doch durch häufigere Dürren sinken an vielen Orten die Flusspegel. Auch der Zugang zu sauberem Trinkwasser ist in vielen Ländern der Welt nicht selbstverständlich. Es gibt weltweit Entsalzungsanlagen, die viele Milliarden Liter Trinkwasser pro Tag produzieren – allerdings ist das sehr energieintensiv und es wird weiter geforscht, wie die Umwandlung von Salz- zu Trinkwasser ohne hohen CO_2-Ausstoß möglich werden kann.

Powertipps

- Nimm lieber eine Dusche, statt zu baden, und den Wasserhahn beim Einseifen am besten ausstellen!

- Trage deine Kleidung so oft wie möglich, bevor du sie wäschst.

- Wasche Obst oder Gemüse in einer Schüssel, nicht unter laufendem Wasser.

Schon gewusst?
Wie viel Wasser verbraucht …

- die Herstellung einer Jeans: ca. 8000 l bei einem Gewicht von 800 g
- eine Dusche: 12 bis 15 l pro Minute
- ein Vollbad: 150 l

Können Meere sauer werden?

Nicht nur unser Süßwasservorrat ist in Gefahr, auch unsere Meere sind nicht gesund. Verantwortlich ist der steigende Anteil von CO_2 im Wasser. Dadurch sinkt der pH-Wert des Meerwassers, sodass unsere Meere zunehmend sauer werden. Besonders Pflanzen und Tiere wie Muscheln oder Korallen leiden unter dem sauren Meerwasser. Ohne Kalk wachsen sie schlechter, was wiederum ein Problem für größere Meerestiere darstellt, die weniger Nahrung finden.

Überraschung!

Weil es auf der Messe zu trubelig war, um sich in Ruhe zu unterhalten, gingen die drei !!! am späten Vormittag in den kleinen Park gegenüber der Stadthalle. Sie setzten sich an einen Picknicktisch.

»Mann, echt jetzt! Jemand hat hier seinen ganzen Müll liegen lassen.« Marie zeigte unter den Tisch.

Kim schüttelte enttäuscht den Kopf. »Und ein paar Schritte entfernt steht eine Müllstation, sogar mit unterschiedlichen Behältern für Plastik-, Rest- und Biomüll. Na los, lasst uns alles aufheben.«

Kim, Franzi und Marie entsorgten eine Dose, zwei Keksverpackungen und eine Plastiktüte.

»Wie wollen wir weiter vorgehen?«, fragte Franzi dann.

»Also, beim Tagebuchschreiben eben kam mir ein Gedanke. Ich habe gemerkt, dass es mir ganz schön wichtig ist, den ersten Preis zu gewinnen. Was, wenn es jemand anderem auch so geht? Vielleicht wollte jemand seine Gewinnchancen verbessern und hat deshalb die Stände verwüstet.«

»Hm.« Franzi überlegte. »Eigentlich könnte dann auch Lisa infrage kommen. Die Geldsumme für den zweiten Preis wäre eine ziemlich große Hilfe für den Lebenshof.«

»Das stimmt. Aber würde sie dafür wirklich die Stände sabotieren?« Marie lehnte sich zurück und hielt ihr Gesicht in die Sonne.

»Vielleicht hatte sie dabei nur die Tiere vor Augen und ihr ist erst danach so richtig bewusst geworden, was sie getan hat.« Kim sah nachdenklich zur Stadthalle hinüber. »Sie war gar nicht so geschockt gewesen, als wir die Sabotage entdeckt haben, oder?«

Marie rückte auf der Holzbank wieder ein Stückchen nach vorne. »Na ja, sie hat eben immer gleich eine Idee, wie man etwas lösen kann, und schaut nach vorne und nicht zurück.«

»Klar, das Geld wäre sicher toll für den Tierschutzhof, ich kann mir aber nicht vorstellen, dass sie so etwas machen würde. Und dann mit anpackt, um alles wieder zu beheben.« Franzi schüttelte den Kopf.

»Wie gesagt, vielleicht war es schon zu spät, als sie gemerkt hat, was sie da gemacht hat«, erinnerte Kim. »Auch wenn sich das komisch anfühlt, wir sollten sie trotzdem auf unsere Verdächtigenliste aufnehmen.« Kim tippte sich an den Kopf. »Wir müssen schließlich in alle Richtungen denken.«

»Oh, seht mal!« Franzi zeigte auf den Parkplatz. Kim und Marie folgten ihrem Blick. Ein Auto raste in viel zu schneller Geschwindigkeit auf eine Parklücke zu und ließ dabei den Motor aufheulen. Aus dem Auto stieg ein Mann.

»Das ist doch Herr Berger!« Kim kräuselte die Stirn. »Wo kommt der denn jetzt her? Wollte er nicht die ganze Zeit auf der Messe präsent sein? Und was ist das für ein riesiges Auto? Das sieht alles andere als umweltfreundlich aus.«

»Hm, und das, nachdem er gestern so damit angegeben hat, wie wichtig ihm Nachhaltigkeit ist.« Marie verschränkte die Arme. »Darauf könnten wir ihn mal ansprechen.«

»Na dann, los, zurück ins Messegeschehen!« Kim sprang auf. »Lasst uns unserem Detektivinnenspürsinn nachgehen!«

Sie betraten die Halle und entdeckten Berger am Stand der Kleidertauschbörse, wo er sich mit Zoe unterhielt.

Die drei !!! gesellten sich dazu.

»Oh, da seid ihr ja!« Berger hielt einen Stapel Kleidung hoch. »Ich bin eben kurz in der Firma gewesen und habe im Vorbeigehen ein paar Shirts mitgenommen, die ich von *FairAngel-Fashion* beisteuern will. So müsst ihr nicht bis morgen warten.« Er wandte sich an Marie. »Wenn ich mit etwas helfen kann, dann mit Kleidung!« Er legte den Stapel Shirts auf den Messetisch.

»Wie nett, vielen Dank!« Marie lächelte.

»Ich möchte, dass die Messe für alle ein großer Erfolg und eine gute Erfahrung wird! Nachhaltigkeit heißt auch zusammenhalten«, sagte Berger mit salbungsvoller Stimme.

Kim sah aus, als würde sie sich angestrengt passende Worte im Kopf zurechtlegen. Sie zog erst die eine, dann die andere Augenbraue hoch. »Danke! Das mit der Nachhaltigkeit nehmen wir sehr ernst, Sie haben wir eben aber in einem sehr großen Auto vorfahren gesehen.«

Herrn Bergers Augen wurden schmal. »So, ja, das ist mein Firmenwagen. Mit dem ich losgefahren bin, um für euch die Sachen zu holen.« Sein Gesicht entspannte sich wieder. »Ich muss jetzt weiter, ich habe etwas Dringendes mit Herrn Müller zu besprechen. Also!« Er nickte den dreien zu und verschwand.

»Das hat ihm nicht so gut gefallen, dass wir sein nicht gerade umweltfreundliches Auto bemerkt haben. Super, Kim!« Franzi kicherte.

»Aber das mit den Shirts ist echt nett«, sagte Marie. Zoe hatte bereits einen Teil davon einsortiert und Marie half mit, die restliche Kleidung jeweils zu den passenden Größe-Stapeln zu legen. Zoes Magen knurrte und sie strich sich über den Bauch.

»Du hast noch gar keine Pause gemacht, oder?«, wollte Marie wissen.

»Nee, nicht so richtig, und mein Frühstück hab ich auch zu Hause vergessen.«

»Willst du jetzt Pause machen? Ich bleibe hier!«, schlug Marie vor.

»Nein, schon gut. Ich esse später etwas.« Zoe hob eine Strickjacke auf, die von einem Kleiderbügel gerutscht war.

Marie stupste Kim und Franzi an und deutete in Richtung des veganen Cafés. »Wir kommen gleich wieder!«, sagte sie zu Zoe.

»Ist gut, bis gleich!« Zoe setzte sich auf einen Hocker.

»Na los, wir stellen für Zoe einen kleinen Überraschungsteller mit Käsecrackern und Schokokeksen zusammen!«, schlug Marie vor und ging voraus.

Auf dem Weg zum veganen Café kamen sie an Pauls Stand vorbei. Er malte gerade schwungvoll eine Skizze auf ein großes Blatt Recyclingpapier.

»Oh, spannend«, sagte Franzi, »was ist denn das?«

Paul blickte hoch und zuckte kurz zusammen, als er bemerkte, dass die drei !!! vor ihm standen.

»Das ist das Logo für meine Handy-Wiederaufbereitungsmaschine.«

In einem Kreis sah man ein Handy, das erst neu, dann zerlegt, dann wieder neu aussah.

»Wow! Wo hast du eigentlich so gut zeichnen gelernt?«, erkundigte sich Kim.

»Das hat mein Opa mir beigebracht. Wir haben auch oft zusammen Ideen entwickelt. Er war Wissenschaftler und hat in der Klimaforschung gearbeitet. Wenn er einen Stift in die Hand genommen hat, ist in kürzester Zeit eine ganz eigene Welt auf dem Papier entstanden.«

»Dein Opa klingt echt cool.« Franzi kam das Bild im Flur bei Paul zu Hause wieder in den Sinn.

»Ja.« Paul blickte traurig zu Boden. Seine Lippen formten ein Wort, doch er brachte keinen Ton heraus, sondern nickte nur.

»Wir sind gerade auf dem Weg zum veganen Café.« Franzi sah den Gang hinunter. »Sollen wir dir etwas mitbringen?«

»Nein, danke, ich mach das hier erst mal fertig.« Er lächelte die drei !!! kurz an, dann vertiefte er sich wieder in seine Zeichnung.

Emma sah den drei !!! entgegen. »Was darf es für euch sein? Kekse oder Cracker oder beides?« Sie lachte. Kara war ebenfalls am Stand. Als sie die drei !!! bemerkte, stellte sie einen kleinen Teller ab, den sie sich eben genommen hatte.

»Möchtest du doch nichts?«, wollte Emma wissen.

»Nein, ich habe es mir anders überlegt. Ich hole mir doch zuerst etwas zu trinken und komme später noch mal wieder!« Sie lächelte, was aber wirkte, als würde es sie Mühe kosten, und ging schnell weg. Kim, Franzi und Marie sahen ihr nach.

»Das sah fast so aus, als wäre sie vor uns geflüchtet«, flüsterte Franzi.

»Ihr habt mir noch gar nicht geantwortet!« Emma strahlte die drei Freundinnen an.
»Wir möchten eine kleine Stärkung für Zoe mitnehmen, die hat noch gar keine Pause gemacht und außerdem ihr Frühstück vergessen«, sagte Marie.
»Okay!« Emma begann, die Snacks auf einen Teller zu laden.
»Wir wollten dich noch etwas fragen. Du hattest erzählt, dass du am Ende des Aufbautages mit Paul zusammen nach Hause gefahren bist, oder?«, erkundigte sich Kim.
»Ja, genau!«, antwortete Emma.
»Wir haben inzwischen erfahren, dass Paul noch länger hier war, also als einer der Letzten gegangen ist, zusammen mit Ben. Bist du also auch länger geblieben?«
»Eigentlich waren wir verabredet, aber da Paul nicht so schnell war wie ich und meine Freundinnen vom Comic-Stand gedrängelt haben, bin ich schon mal ohne ihn losgefahren. Ich wollte an der Ecke, wo ich mich von meinen Freundinnen verabschiede, auf ihn warten. Ich kam mir dann aber fies vor und bin doch das Stück wieder zurück zur Stadthalle gefahren.«
»Und wo war Paul, als du zurückkamst?«, hakte Marie nach.
»Er war noch immer nicht unten, aber das kenne ich schon. Er trödelt gerne mal und hat es nicht so mit der Pünktlichkeit. Bestimmt hat er an seinem Stand noch etwas aufgeräumt oder wieder mal eine neue Idee bekommen und die aufgezeichnet. Jedenfalls kam er nach einer Weile endlich raus und dann sind wir zusammen nach Hause gefahren.«
»War Ben auch dabei?«, wollte Franzi wissen.
»Den habe ich nicht gesehen, Paul schien der Letzte zu sein.«

»Okay«, sagte Kim nachdenklich. »Danke!«
Zoe freute sich riesig über die Snacks. Natürlich hatten Kim, Franzi und Marie sich selbst auch noch welche mitgebracht. Genüsslich knabberten sie die Cracker, als Kim plötzlich den Kopf hochriss. Sie sah in Richtung des Regenwaldraumes.
»Alles in Ordnung?«, fragte Marie.
»Mir ist gerade etwas aufgefallen. Das gibt es doch nicht! Kommt mit.«
Franzi und Marie folgten ihr überrascht zum Stand von Friends for Future, wo sie das Grün der Plakate und das Zwitschern der Vögel umfing. Ben stand allein am Tisch und trank gerade aus seiner Wasserflasche. Kim schritt auf ihn zu. »Hi, mir ist gerade aufgefallen, dass du mir meinen Stein noch gar nicht zurückgegeben hast! Den habe ich bei euch auf dem Küchentresen vergessen. Nach Lisas Mehlunfall und all dem Staub in der Küche, den wir beseitigen mussten, hatte ich nicht mehr daran gedacht, ihn einzustecken.«
»Oh!« Ben errötete. »Den bringe ich dir morgen mit.« Seine Wange zuckte. »Okay?«
Kim wartete eine Weile, bis sie antwortete. Ben wurde zunehmend unruhiger.
»Na gut. Bis dann!« Sie wandten sich ab. »Irgendetwas stimmt einfach nicht mit Ben und Paul«, meinte Kim, als sie außer Hörweite waren.

Während des restlichen Messetags hatten die drei !!! leider nicht mehr viel herausfinden können. Berger blieb verschwunden, Kara begegneten sie ebenfalls nicht mehr, dafür fragte sie ein sehr nervöser Herr Müller nach dem Stand der Ermittlungen. Außer dass sie verschiedenen Spuren nachgingen, konnten sie ihm allerdings nichts berichten.

Auf dem Heimweg bremste Kim plötzlich ab. »Wie wäre es, wenn wir Ben einen kleinen Spontanbesuch abstatten? Ich glaube, ich möchte meinen Glücksstein lieber jetzt gleich zurückhaben.«

»Ja, warum nicht. Den Weg kennen wir ja seit unserer Back-Aktion«, stimmte Franzi zu. »Ist ja nicht weit, die Brüder müssten schon zu Hause sein. Wir haben uns ja heute ein bisschen Zeit gelassen.«

Sie stellten ihre Fahrräder vor dem Haus ab und Kim klingelte. Paul öffnete die Tür. Als er die drei !!! sah, wurde er schlagartig blass. »Oh, was macht ihr denn hier?«

Jetzt erschien auch Ben in der Tür. Er wirkte ähnlich überrascht wie sein Bruder.

»Ach, wir waren sowieso unterwegs, und da dachte ich, ihr seid bestimmt schon zu Hause und ich nehme meinen Glücksstein heute noch mit.«

»Ist gut, ich hole ihn.« Ben verschwand aus dem Türrahmen. Paul, der noch immer wie angewurzelt dastand, sah Kim fragend an.

»Ben hat doch den Glücksstein aus der Schublade eines meiner Schränkchen auf der Messe gefunden«, klärte Kim Paul auf. »Das hattest du doch mitbekommen, als wir zusammen gebacken haben?«

Paul nickte nur.

Ben erschien wieder und streckte Kim die Hand mit dem gelb-grün bemalten Stein entgegen. »Hier«, sagte er und lächelte sie an.

»Danke.« Kim nahm den Stein und steckte ihn in die Hosentasche. »Übrigens habe ich noch jemanden getroffen, der den Stein gesehen haben will. Er ist ja ziemlich auffällig wegen der Farben. Derjenige hat ihn aber nicht aufgehoben, sagte aber, dass er den Stein unten bei den Fahrradständern gesehen hätte. Das ist doch komisch, oder? Denn du hast gesagt, dass er in der Nähe meines Standes lag!«

Marie sah Kim mit gerunzelter Stirn an, Franzi neigte fragend den Kopf zur Seite. Paul ballte eine Hand zur Faust.

»Ach so, kann auch sein, dass ich den Stein da gefunden habe. Es war so viel los am Aufbautag, vielleicht habe ich das verwechselt«, meinte Ben.

Einen Moment lang sagte niemand etwas, dann ging Kim einen Schritt auf Ben zu. »Ben, ich habe mir das gerade ausgedacht. Ich habe niemanden getroffen, der den Stein gesehen haben will. Irgendetwas verschweigst du uns. Raus mit der Sprache!«, forderte sie.

Paul riss die Augen auf. »Ich muss jetzt mal los, bis morgen!« Er winkte hektisch und verschwand im Haus.

Ben mied Kims Blick. »Wie gesagt, ich hab das wohl einfach durcheinanderbekommen. Mann, wenn ihr wirklich etwas Verdächtiges aufdecken wollt, dann hängt euch lieber an Berger! Mit dem stimmt tatsächlich etwas nicht.«

»Du hast uns also nichts zu sagen?«, blieb Kim hartnäckig.

Ben zögerte. »Nein. Ich muss jetzt meine Tasche packen, gleich will ich zum Sport.«

»Okay.« Kim klang enttäuscht. »Dann also bis morgen.«

Die drei !!! schnappten sich ihre Fahrräder und schoben bis zur

Straße, wo sie aufstiegen und eine Weile nachdenklich nebeneinander herfuhren.

»Ich würde sagen, Ben ist gerade ganz nach oben gerückt auf der Verdächtigenliste«, meinte Franzi.

»Gute Idee mit der Fangfrage, Kim!«, lobte Marie.

Kim seufzte. »Danke. Morgen ermitteln wir weiter! Ich hoffe, dass wir dem Saboteur dann endlich auf die Schliche kommen.«

»Oder der Saboteurin, wer weiß. Bis morgen!« Marie winkte und bog ab, ein Stückchen weiter trennten sich auch Franzis und Kims Wege.

Detektivtagebuch von Kim Jülich
Dienstag, 20:43 Uhr

Die aktuelle Verdächtigenliste ist angewachsen. Ben ist auf Platz 1. Er war länger am Tatort, hatte meinen Stein und ist in die Fangfrage reingerasselt. Dann ist da natürlich Paul. Er war auch länger am Tatort und verhält sich vor allem in Bens Nähe komisch. Kara hält sich von uns fern, außerdem ist ihr ein »Nicht schon wieder« rausgerutscht, als sie fast mein Schränkchen runtergerissen hat. An vierter Stelle befindet sich Lisa. Ist sie an der Geldsumme für ihren Lebenshof interessiert und hat deshalb aus einem Impuls heraus die Stände sabotiert?

Irgendwie hab ich ein gutes Gefühl, dass wir morgen die ganze Sache aufdecken. Vielleicht ist es aber auch nur eine Hoffnung.

Leben über dem Limit

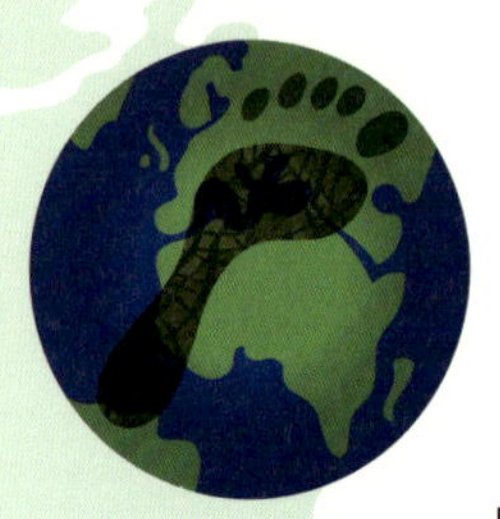

Rohstoffe und unsere Umwelt

Rohstoffe sind vom Menschen genutzte Stoffe, die noch unverarbeitet sind. Wir unterscheiden zwischen fossilen Rohstoffen wie Erdöl, Erdgas oder Kohle, mineralischen Rohstoffen wie Kupfer oder Eisen und nachwachsenden Rohstoffen wie Holz, Soja oder Mais. Wir Menschen sind es erst, die diese Rohstoffe weiterverarbeiten, um daraus unseren Nutzen zu ziehen. Beispielsweise wird aus Erdöl Benzin hergestellt, das wir für den Antrieb von Fahrzeugen benötigen.

Schon gewusst? Fakten rund ums Erdöl

- Rohöl entstand aus Algen und toten Kleinstlebewesen, die sich auf den Meeresboden abgesenkt haben. Daraus entwickelte sich Faulschlamm, der sich über Jahrmillionen zu Erdöl umwandelte.
- Etwa 90 % der Erdölanteile werden verbrannt, um Kraft- und Brennstoffe zu gewinnen.
- Kaugummis werden durch Kunststoffe auf Erdölbasis hergestellt und sind nicht biologisch abbaubar.

Der Earth Overshoot Day

Der Tag, an dem die Menschheit alle natürlichen Rohstoffe oder auch Ressourcen, die die Erde innerhalb eines Jahres zur Verfügung stellen kann, aufgebraucht hat, wird als *Earth Overshoot Day* bezeichnet. Das bedeutet Erdüberlastungstag. Im Jahr 2023 fiel dieser Tag auf den 4. Mai – das heißt, dass bereits sieben Monate vor Jahresende alles an zur Verfügung stehenden Ressourcen verbraucht war. Der *Earth Overshoot Day* warnt uns Menschen jährlich davor, nicht über unsere Verhältnisse zu leben und achtsam mit den Ressourcen umzugehen.

Powertipps

- Viele Kosmetikprodukte enthalten Erdöl. Entscheide dich deshalb lieber für Naturkosmetik oder stelle aus Mandel- oder Kokosöl eine eigene Haarkur her!
- Auch in Putz- und Waschmitteln sind oft Erdöl und andere chemische Stoffe, die unserer Umwelt schaden. Aus Natron, Kernseife oder sogar Kastanien kannst du ganz einfach umweltfreundliches Waschpulver herstellen.

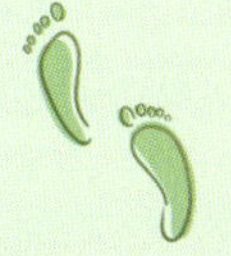

Knister, knister, blitz!

Am dritten Messetag standen Kim, Franzi und Marie sehr früh auf, denn sie wollten vor dem Beginn der Messe noch bei Lisa vorbeischauen. Sie trafen sich wieder an der vereinbarten Ecke und fuhren mit ihren Fahrrädern zum *Lebenshof Weideglück*.

»Nachdem Lisa uns gestern Abend geschrieben hat und meinte, wir müssten uns unbedingt die Hühner ansehen, war ich richtig in Sorge«, informierte Franzi die anderen. »Ich hoffe, es ist alles in Ordnung!«

Miezi presste ihre Nase durch den Zaun, während Kim, Franzi und Marie ihre Fahrräder abstellten. Die Hündin freute sich, als die drei durchs Tor auf den Hof kamen, und begrüßte sie, als würden sie zur Familie gehören. Lisa winkte ihren Freundinnen vom neuen Hühnerstall aus zu und schon von Weitem war zu sehen, dass sie über das ganze Gesicht strahlte.

»Guten Morgen! Schön, dass ihr extra früher aufgestanden seid. Ich bin auch schon seit eineinhalb Stunden wach. Kommt mal mit!« Lisa ging voraus und zeigte durch die zweigeteilte Tür, die oben geöffnet war, in den Hühnerstall. Die hintere Tür zum Freigehege stand ebenfalls offen. Eine kleinere Gruppe Hühner wirkte noch immer unsicher und angespannt, aber ein Huhn hatte es sich auf der Stange, die dem Boden am nächsten war, gemütlich gemacht. Zwei weitere Hühner, die noch ein paar mehr Federn am Körper hatten, nahmen gerade ein Sandbad.

»Oh, wie wunderbar!«, freute sich Franzi.
»Wo sind denn die anderen?«, wollte Kim wissen.
Lisa sah jetzt aus wie ein kleines Kind, das sich auf den Weihnachtsmann freut. »Die sind hier!« Sie führte die drei !!! um den Stall herum. Eine große Gruppe Hühner, auch die beiden mit den Hühnerpullovern, stolzierten über den Rasen, pickten und gackerten.
»Vielleicht erzählen sie sich gegenseitig, dass sie jetzt in Sicherheit sind!« Lisa wirkte überglücklich.
»Das ging aber schnell! Es geht ihnen schon viel besser als vorgestern!«, stellte Marie fest.
Franzi atmete erleichtert auf. »Und ihr habt noch ein Sonnensegel über dem Außenbereich angebracht!«
»Ja, Hühner brauchen natürlich auch Schatten. Das alles waren ganz schön viele Ausgaben wieder mal. Ich will deshalb nachher auf der Messe versuchen, ein paar Spenden zu sammeln«, sagte Lisa.
Kim, Franzi und Marie warfen sich Blicke zu.
»Mit wem bist du eigentlich am Aufbautag gegangen?«, fragte Kim.
»Am Aufbautag? Allein! Warum?«, wunderte sich Lisa.
Die drei !!! antworteten nicht sofort.
Lisa dachte kurz nach und ihr Gesichtsausdruck verdunkelte sich. »Glaubt ihr etwa, dass ich die Stände sabotiert habe?« Sie stemmte die Hände in die Hüften. »Warum sollte ich das tun?«
Marie strich sich eine Haarsträhne aus dem Gesicht. »Na ja, wenn du die Geldsumme gewinnen würdest, könntet ihr sie in den Lebenshof stecken.«
»Das stimmt und ich möchte wirklich sehr gerne gewinnen. Aber nicht so sehr, dass ich dafür andere tolle Ideen sabotieren würde!

Ich kann nicht glauben, dass ihr mir so etwas zutraut.« Lisa senkte enttäuscht den Kopf.

»Wir trauen dir zu, dass du vieles auf dich nehmen würdest, um Tiere zu retten. Wir sehen ja, wie du dich voll und ganz für den Tierschutz einsetzt«, versuchte Franzi das Ganze geradezurücken. »Es war nur ein Gedankenspiel, das ist alles. Wir wollen einfach endlich herausfinden, wer für die Sabotage verantwortlich ist.«

»Das verstehe ich natürlich«, sagte Lisa etwas besänftigt. »Ich würde es auch gerne wissen.«

Kim, Franzi und Marie winkten Lisas Eltern zu, die auf der anderen Seite der Kuhweide ein Stückchen Zaun reparierten. Dann schaute Kim auf ihre Uhr. »Oh, wir müssen los, wenn wir pünktlich sein wollen!«

Die vier liefen über den Hof zum Tor und Franzi legte Lisa einen Arm um die Schulter. »Danke, dass du uns benachrichtigt hast. Es macht mich sehr glücklich, zu sehen, wie die Hühner sich entwickeln und wie gut es ihnen hier geht.«

»Gerne! Ich hab mir doch gedacht, dass euch das freut.«

Auf der Messe verteilten sich Lisa und die drei !!! auf ihre jeweiligen Stände. Marie stattete auf dem Weg zur Kleiderbörse allerdings Kara noch einen Besuch ab.

»Hi, Kara, wie läuft es bei dir?«, fragte sie.

Kara sah müde und blass aus. »Ganz gut, ich habe noch ein paar Pusteblumen-Minifläschchen mitgebracht, weil schon viele mitgenommen wurden. Die Leute scheinen Lust zu haben, ein paar Wünsche und damit die Samen in die Welt zu schicken.«

»Toll!« Marie überlegte kurz. »Sag mal, bist du gestern vor uns geflüchtet?«
»Nein«, sagte Kara matt.
»Es geht dir nicht so gut, oder?«, erkundige sich Marie.
»Stimmt, nicht wirklich. Meine Mutter ... also ...« Sie zögerte. »Bei uns ist gerade viel los, deshalb habe ich auch schlecht geschlafen.«
»Okay, das tut mir leid. Wenn wir dir irgendwie helfen können – du weißt ja, wo du uns findest, ja?«
»Ist gut, danke«, murmelte Kara.
Marie lief nachdenklich weiter zu ihrem Stand. Zoe war schon da und diskutierte mit Melli aus ihrer Klasse. Beide hielten ein Shirt fest und zogen es in die Breite.
»Hey, was macht ihr da?«, rief Marie.
Zoe kicherte. »Melli behauptet, dieses Shirt sei taubenblau und passe nicht zu ihrer Hose, aber ich finde, das ist Quatsch. Ausgebreitet lässt sich die Farbe des Stoffs im Licht besser erkennen.«
»Warum hältst du es nicht einfach an deine Hose zum Abgleich?«, schlug Marie vor. In diesem Moment erklang ein lautes *Krack*. Das Shirt war in der Mitte durchgerissen und sowohl Zoe als auch Melli stolperten einen Schritt rückwärts.
»Huch?« Zoe machte große Augen.
»Tut mir leid!«, rief Melli. »Das wollte ich nicht. Ich bringe morgen ein Shirt von mir zum Tausch vorbei, als Ausgleich sozusagen. Jetzt will ich der Schulband zuhören, die spielt gleich vorne den Earth Song. Mein Freund ist in der Band.«
»Kein Problem, geh nur, bis später!« Zoe starrte auf die Shirthälfte in ihrer Hand. »Also so stark haben wir doch gar nicht

daran gezogen. Wieso geht das denn gleich kaputt? Das ist eines von Bergers gespendeten Kleidungsstücken.« Zoe nahm ein weiteres Shirt und befühlte es mit geschlossenen Augen.

»Fühl du mal!«, flüsterte sie dann und gab es Marie in die Hand.

»Komisch«, murmelte Marie und nahm sich zum Vergleich eines von Tessas Shirts. »Das von Berger fühlt sich anders an. Moment, ich hole mal eben die anderen.« Marie kam mit Kim, Franzi und Lisa zurück an den Stand. »Nehmt das mal in die Hände, bitte, und fühlt den Stoff!« Sie gab Kim die Shirts in die Hand, die sie dann weiterreichte, sodass sich alle nach und nach ein Bild machen konnten.

»Das eine ist das von *FastAngelFashion* und das andere eines aus Tessas Kollektion. Beides Bio-Baumwolle«, erklärte Marie.

»Die fühlen sich sehr unterschiedlich an. Das von Berger ist weich, ja, aber irgendwie trotzdem etwas unangenehm, als würde ich mit der Haut ab und zu an so Mini-Häkchen hängen bleiben«, stellte Kim fest.

»Das von Tessa dagegen ist richtig fließend, das würde ich sofort anziehen«, meinte Franzi.

»Und seht euch mal die Nähte von Bergers Shirts an!«, warf Zoe ein. »Die sind nicht gleichmäßig und der Faden passt farblich nicht an allen Stellen.«

»Auf dem eingenähten Schild steht, dass es aus 95 Prozent Bio-Baumwolle und 5 Prozent Leinen sein soll. Waren da außen auch noch Pappschilder dran?«, erkundigte sich Marie bei Zoe.

»Nein.«

Marie hielt das Shirt gegen das Licht in die Höhe und es berührte dabei ihre Stirn. »Au!«, schrie sie.

»Was ist?«, wollte Franzi wissen.
»Ich habe einen kleinen Stromschlag bekommen!«, keuchte Marie.
»Das kenne ich, ist mir auch schon passiert. Aber nur bei synthetischer Kleidung. Aus Polyester oder so«, sagte Zoe.
»Lisa, du hast doch heute auch ein Oberteil von FAF an, das ist doch dein Lieblingsshirt, oder?«, wollte Marie wissen.
»Ja!«
»Darf ich mal anfassen?«
»Na klar.«
Lisa ging einen Schritt auf Marie zu, die ein Shirt von Berger und gleichzeitig Lisas Shirt am unteren Saum befühlte. »Irgendetwas stimmt da nicht. Beide sollen aus der gleichen Biolinie stammen, fühlen sich aber völlig unterschiedlich an. Und wenn deines auch so empfindlich wäre wie das, das eben zerrissen ist, würde es nach dem häufigen Waschen nicht mehr so gut aussehen.«
Lisa setzte sich auf den kleinen Hocker und kippelte unruhig hin und her. »Das ist wirklich komisch.«
Kim zückte ihr Handy. »Ich habe mir schon mehrmals die *FairAngelFashion*-Webseite angesehen. Da findet man das, was Berger immer erzählt. Kleidung in Bioqualität, Nachhaltigkeit und so weiter.«
»Ja, als Unterseite gibt es da auch den Berger-Blog, in den ich manchmal reinlese«, ließ Lisa die anderen wissen.
Marie griff ebenfalls nach ihrem Handy. »Hier, ein Artikel über Berger!« Sie flog mit ihren Augen über das Display. »Der ist schon etwas älter. Da steht, dass Berger in einen Skandal geraten ist im Zusammenhang mit Fast Fashion. Also das Gegenteil von

dem, was Tessa anbietet. Große Ketten produzieren und verkaufen ihre Mode im Schnellverfahren. Meistens werden in Billigherstellung irgendwelche Trends nachgeahmt, die sich aber schnell wieder verändern. Natürlich bleiben dabei Qualität und Nachhaltigkeit absolut auf der Strecke, von den Arbeitsbedingungen ganz zu schweigen.« Sie seufzte. »Es geht noch weiter.« Sie las den Rest des Artikels. »Aha, hier steht, das Ganze konnte nicht vollständig aufgeklärt werden. In einem Interview hatte Berger gesagt, dass jemand ihm schaden wollte und er zu Unrecht beschuldigt wurde.«

»Moment mal!«, sagte Kim. »Und hier ist ein Zeitungsartikel, der mir vorher noch nicht aufgefallen ist.« Sie überflog die Zeilen und hob den Kopf. »Schon wieder geht es um Fast Fashion! Dieser Artikel ist von vor zwei Monaten und da heißt es, dass Bergers Firma wieder ihre Fühler ausstreckt nach Kooperationspartnern. Da kommt erneut eine andere Firma ins Spiel, vielleicht die aus deinem Artikel, Marie. Also die, die für Fast Fashion steht, jetzt aber angeblich nicht mehr.«

»Was führt er genau im Schilde?«, fragte Marie fast zeitgleich mit Zoe. Die Mädchen sahen sich ratlos an. Lisa tippte gedankenverloren die Fingerspitzen aneinander.

»Was ist das eigentlich für eine große Tüte?«, fragte Franzi auf einmal und deutete hinter den Kleiderständer.

Marie zerrte die Tüte nach vorn und holte ein Kleidungsstück heraus und dann noch eines und noch eines. »Das kann doch nicht wahr sein. Das sind die geklauten Sachen!«, rief sie.

»Tatsächlich, sie sind wieder da!«, staunte Zoe. Sie kratzte sich am Kopf. »Wie kann das sein? Ich war doch die ganze Zeit hier!«

Sie überlegte. »Ich war ganz kurz frische Luft schnappen.«
»Das muss jemand beobachtet und den Moment genutzt haben!«, mutmaßte Kim und gab Franzi und Marie ein Zeichen. »Lasst uns bei meinem und Franzis Stand nachsehen!«
Auch beim Renaturierungsprojekt war einiges dazugekommen. Franzis Stellwand war jetzt übervoll und neu sortiert. Sie sah fast aus wie ein Kunstwerk.
Auch beim Wasser-Stand nebenan erkannten die drei !!!, dass das Plakat mit der Aufschrift wieder in leuchtenden Farben am Tisch hing, doppelt so groß wie vorher. Auf dem Weg zu Kims Stand fiel ihnen schon von Weitem etwas Buntes ins Auge. Kim beschleunigte ihre Schritte.
»Alles wieder da! Da sind alle meine verloren geglaubten Schränkchen«, rief sie mit einer Mischung aus Begeisterung und Unverständnis.
Franzi tippte auf eines der Möbelstücke. »Welcher Dieb klaut denn was und bringt das Diebesgut dann wieder zurück?«
Zusätzlich zu den zwei nachträglich gebastelten Upcycling-Werken standen nun die acht ursprünglichen Schränkchen wieder auf dem Messetisch, alle in regelmäßigem Abstand voneinander, sodass man jedes einzelne Unikat gut sehen konnte.
Kim fuhr mit der Hand sanft über ihr Lieblingsmodell, dann hob sie es hoch.
»Da klebt etwas drunter«, informierte sie Marie und Franzi. Kim zog ein Klebezettelchen mit einer klitzekleinen, aber sehr detaillierten Zeichnung darauf ab. Entgeistert hielt sie den Zettel hoch. »Diese Art zu zeichnen kommt mir sehr bekannt vor.«
»Paul!«, riefen Franzi und Marie gleichzeitig.

Alte Kleider, neuer Sinn

Fast Fashion

Fast Fashion bedeutet »schnelle Mode«, also dass sehr viel Kleidung schnell und billig hergestellt und verkauft wird. Bei dieser Art der Herstellung arbeiten viele Menschen, auch Kinder, unter schwierigen Bedingungen und erhalten nur sehr wenig Lohn. Außerdem ist die Modeindustrie für einen sehr hohen CO_2-Ausstoß verantwortlich. Denn von der Produktion bis zum Ladentisch hinterlässt Kleidung einen riesigen ökologischen Fußabdruck. Ein einziges T-Shirt mit einem Gewicht von 200 g verursacht vom Wachsen der Baumwolle über die Ernte bis zum Nähen, den Transport und so weiter knapp 11 kg CO_2.

Powertipps

- Achte auf umweltfreundliche Kleidung aus Naturfasern wie Hanf, Wolle oder Bio-Baumwolle. Noch besser ist es, wenn du Secondhand-Kleidung kaufst.
- Organisiere eine Kleidertauschparty! Du brauchst: Tische oder Kleiderstangen, um Kleidung zu präsentieren, Kleiderbügel, einen Spiegel und Schilder aus Altpapier.

Voll im Trend mit Slow Fashion und Secondhand

Slow Fashion dagegen bedeutet »langsame Mode«. Das Hauptziel ist es, Kleidung mehr wertzuschätzen: Weniger Kleidung soll gekauft, dafür aber länger getragen werden, um Mensch und Natur zu entlasten. Außerdem soll die Kleidung eine gute Qualität haben und unter ökologisch guten Bedingungen hergestellt werden. Mit Siegeln wie dem »Grünen Knopf« oder GOTS (Global Organic Textile Standard) wird geprüft, ob ein Textilunternehmen die Einhaltung von Umweltstandards und Menschenrechten garantiert. Secondhand, also aus zweiter Hand gekaufte Kleidung, wurde schon mal getragen, ist aber noch gut erhalten.

Schon gewusst, dass 35 % der Meeresverschmutzung durch Kleidung entsteht?

Die Modeindustrie verursacht einen großen Anteil des Mikroplastiks, das unsere Meere verschmutzt, und ist verantwortlich für bis zu 8 % des weltweiten CO_2-Ausstoßes. Dabei werden laut einer Greenpeace-Studie nur 18 % der Kleidungsstücke zweimal und 20 % seltener als einmal im Vierteljahr getragen.

Ausgeträumt

Die drei !!! fanden Paul nirgendwo. Zuletzt versuchten sie es im Regenwaldraum, wo sie auf Ben stießen.
»Sag mal, hast du deinen Bruder gesehen?«, wollte Marie von Ben wissen. Der seufzte und zeigte hinter sich, wo Paul neben einer großen Kiste hockte und etwas sortierte.
»Du kannst aufhören, dich zu verstecken, das ist doch albern«, raunte Ben seinem Bruder zu. Paul kam langsam hoch und sah so reumütig aus, dass er Kim, Franzi und Marie fast leidtat. Kim setzte trotzdem ein finsteres Gesicht auf. »Ich glaube, du musst uns einiges erklären!«
Paul ließ die Schultern hängen. »Ja, stimmt. Wollen wir vielleicht woanders hingehen?« Er drehte sich zu Ben um, der ihm mit verschränkten Armen zunickte.
»Gegenüber von der Stadthalle ist dieser kleine Park, da haben wir gestern eine Pause gemacht. Lasst uns dort hingehen!«, schlug Franzi vor. »Ein bisschen frische Luft wird uns allen guttun.«

Paul ließ sich erschöpft auf die Sitzbank an einem der Picknicktische fallen.
Die drei !!! drängten ihn nicht, sahen ihn aber erwartungsvoll an.
»Es tut mir schrecklich leid«, flüsterte Paul nach einer Weile.
»Bitte erzähl ganz von vorne. Warum hast du die Stände sabotiert?«, fragte Kim.

Paul schluckte. »Wieso wisst ihr plötzlich, dass ich es war?«, erkundigte er sich.
Kim verschränkte die Arme. »An einem meiner Upcycling-Schränkchen klebte ein Zettel mit einer kleinen Zeichnung drauf. Dein einzigartiger Stil hat dich verraten.«
»Ach, da ist der Zettel abgeblieben, ich hatte ihn schon gesucht. Darauf habe ich eine Idee notiert, wieder mal«, sagte Paul verschämt, konnte dabei aber nicht ganz verbergen, dass er sich auch über das Lob freute.
»Erzähl von Anfang an. Wir wollen vor allem auch wissen, warum du gerade diese fünf Stände sabotiert hast!«, forderte Marie ihn auf.
»Also, als ich euch am Aufbautag getroffen habe und als ihr so selbstsicher über eure Stände mit den tollen Ideen gesprochen habt, da war ich mir plötzlich sicher, dass eine von euch am Schluss den ersten Preis gewinnen würde. Im veganen Caféprojekt hab ich auch große Chancen gesehen. Da etwas wegzunehmen hat mich besonders viel Überwindung gekostet, weil Emma meine Freundin ist und Erik mein Freund. Alles, was Emma in die Hand nimmt, wird ein Erfolg, deshalb war ich mir gleichzeitig sicher, dass sie mit dem veganen Café an anderer Stelle durchstarten würde. Und Erik hatte mir vor dem Beginn der Messe schon gesagt, dass er sich überhaupt nichts aus so einer Forschungsschiffstour machen würde.« Er schluckte. »Ganz im Gegensatz zu mir.«
»Es war echt fies, dass du dich an unseren Ständen zu schaffen gemacht hast! Ich hatte so viel Arbeit in meine Schränkchen gesteckt und dann waren sie weg und ich dachte, ich hätte kaum eine Chance mehr, von der Jury für den Gewinn mit berück-

sichtigt zu werden. Weißt du, wie übel sich das angefühlt hat?«, fragte Kim.

»Kim, nun lass ihn doch erst mal fertig erzählen«, beschwichtigte Marie sie. »Du hattest bestimmt einen guten Grund, oder?«, fuhr sie an Paul gewandt fort.

»Ich wollte unbedingt gewinnen, weil …« Er hielt inne und sah plötzlich sehr traurig aus. »Wenn ich gewinne, wäre mein Opa sehr stolz auf mich. Ja, ich weiß, er lebt nicht mehr. Aber seit wir zusammen an Sachen geforscht haben, habe ich mir gewünscht, dass unsere Ideen von vielen Leuten gesehen werden. Wir haben gemeinsam Roboter gebaut und wollten einen Preis gewinnen, irgendwann um die Welt reisen und überall neue Sachen erfinden, die nützlich sind und den Menschen helfen und …« Wieder machte Paul eine Pause. »Ich dachte, wenn ich gewinne und mit diesem Forscherschiff herumreisen würde, dann würde ich mich Opa irgendwie sehr nah fühlen. Dann wäre alles fast wie früher, vor seinem Tod.«

Die drei !!! sahen Paul betroffen an.

»Ich finde es richtig toll, dass du an euren Ideen dranbleibst!« Marie lächelte ihn an.

»Trotzdem, deine Aktion war echt mies. Aber ich kann verstehen, warum du das gemacht hast. Und, ehrlich gesagt, dank dir ist meine Stellwand noch mal schöner geworden«, ließ Franzi ihn wissen.

»Ja, und du hast immerhin alles zurückgebracht«, stimmte Marie zu.

»Fast jedenfalls. Was ist mit den ganzen Keksen und Crackern geschehen?«, wollte Franzi wissen.

Paul sah schuldbewusst zu Boden. »Ich hatte alles aus den Behältern in eine Tüte geschüttet in der Hektik und sie oben zusammengedreht. Das hat aber nicht richtig gehalten und dann sind Tiere eingedrungen und haben die veganen Snacks angeknabbert.«

Kim verzog das Gesicht. »Und wie hast du eigentlich den ganzen anderen Kram weggeschafft? Das war ja ziemlich viel.«

»Stimmt, außer am Wasserschutz-Stand, über den hast du nur Wasser geschüttet, oder? Ihn hattest du also auch als große Konkurrenz eingeschätzt?«, wollte Marie wissen.

Paul musste grinsen. »Nein, da war es ein bisschen anders. Plötzlich war Ben an der Tür aufgetaucht und rief rüber, was ich noch in der Halle machte. Da bin ich vor Schreck richtig zusammengezuckt und hab meine Wasserflasche umgeworfen, die ich auf dem Tisch abgestellt hatte. Das Wasser ist komplett auf dem Plakat gelandet. Ich bin dann aber sofort zu Ben, damit er nichts bemerkt. Er hat trotzdem etwas geahnt und mich am nächsten Tag zur Rede gestellt. Er wollte, dass ich alles zugebe, und zwar sofort.«

»Du hast aber noch eine ganze Weile gebraucht! Aber besser spät als nie. Ich bin jedenfalls überglücklich, dass meine Schränkchen wieder da sind. Wo hattest du die denn nun hingeschmuggelt?«, fragte Kim.

»Und die Kleidung? Das würde mich auch interessieren!«, hakte Marie nach.

»Hinter dem Fahrradunterstand am Parkplatz. Dahinter ist eine Wand und die Tasche passte genau dazwischen. Alles, was nicht mehr reinpasste, habe ich so danebengeschoben, dass man es von vorne nicht sehen konnte. Auch die Snacks, die dann leider zum Mäusefutter wurden. Ich musste trotzdem zwei Mal gehen, um alles abzutransportieren. Obwohl die Tasche echt riesig ist – ich hatte auf dem Weg zur Stadthalle Altpapier zum Container transportiert. Na ja, irgendwie hat mich die große Tasche erst so richtig auf die Idee gebracht.« Paul seufzte.

»Gut, dass es nicht geregnet hat!« Kim blickte einen Moment lang streng drein.

»Du hast recht. Die ganze Aktion war einfach völlig daneben.« Paul senkte den Kopf.

»Vielleicht kannst du doch noch gewinnen?« Marie lächelte ihn aufmunternd an.

»Ja, deine Idee mit der Handyaufbereitungsmaschine ist echt cool!«, sagte Franzi.

»Ihr würdet mich also nicht verraten?«, fragte Paul ungläubig.

»Nein. Weil ich davon ausgehe, dass du das selber tust.« Kim sah Paul auffordernd an.

Er atmete tief durch, bevor er aufstand. »Es tut mir alles wirklich sehr leid. Ich werde jetzt reingehen und die Sache klären.« Er wirkte plötzlich sogar ein bisschen erleichtert. »Viel länger hätte ich die Anspannung sowieso nicht mehr ausgehalten.«

»Wir kommen mit! Wir müssen nämlich dringend mit deinem Bruder sprechen«, ließ Marie ihn wissen.

Ben lächelte zufrieden, als er hörte, was die drei !!! ihm berichteten. »Endlich. Ich dachte schon, Paul würde gar nicht mehr mit der Wahrheit rausrücken. Ich wollte ihm die Möglichkeit geben, es selbst zu tun. Und seinen Bruder verrät man eben nicht einfach so. Außerdem wusste ich, dass er irgendwann den Mut findet, die Sabotage zuzugeben.«

»Das hast du gut eingeschätzt«, lobte Marie. »Aber jetzt zu etwas ganz anderem. Bei uns am Kleiderkreisel ist vorhin etwas sehr Interessantes passiert. Eines von Bergers Shirts ist gerissen. Wie es dazu kam, ist jetzt nicht so wichtig, aber es war kein großer Kraftaufwand nötig. Und dann hab ich auch noch einen elektrischen Schlag von dem Stoff bekommen.«

»Beste Bioqualität, was?« Ben legte einen Hab-ich-doch-gesagt-Gesichtsausdruck auf.

»Komischerweise gibt es aber andere Shirts von Berger, die tatsächlich bester Qualität sind, sich gut anfühlen und schon seit langer Zeit getragen werden«, warf Kim ein.

»Ihr solltet mal Kara näher dazu befragen. Allerdings geht es ihr gerade nicht besonders gut, aber, ach, es ist kompliziert und hängt alles zusammen. Am besten fragt ihr sie selbst.« Ben sah zum Gang, wo Paul mit Herrn Müller diskutierte.

»Ich geh mal eben rüber«, ließ Kim die anderen wissen.

»Woher kennst du Kara eigentlich?«, erkundigte sich Marie.

Ben lächelte schief. »Sie ist in meinem Sportverein, und wir treffen uns seit einer Weile, also, ich meine, auch außerhalb vom Sport.«

Franzi schmunzelte. »Ach so ist das! Gut, danke, wir suchen sie mal. Bis später, Ben.«

Kara stand etwas verloren hinter ihrem Stand und packte ihr Handy und einen Stapel Papiere in ihre Tasche.

»Hallo, Kara! Willst du schon los?«, erkundigte sich Marie.

»Ja, ich muss heute früher aufbrechen«, erklärte Kara.
Kim kam jetzt ebenfalls auf Karas Stand zu.
»Du, wir haben heute eine Entdeckung gemacht, zu Bergers Kleidung, und dachten, dass du uns vielleicht weiterhelfen könntest«, erzählte Franzi schnell.
»Wie kommt ihr darauf?«, fragte Kara nach einer kleinen Pause.
»Wir haben einen Tipp von Ben bekommen. Er sagte, du hättest Informationen, die uns weiterhelfen könnten«, erwiderte Kim.
Karas Augen weiteten sich. »Berger«, brummte sie frustriert.
»Kennst du ihn näher? Und gibt es irgendetwas, was du uns zu ihm sagen könntest?«, wollte Kim wissen.
Kara sah die drei !!! an, dann seufzte sie. »Ich muss jetzt wirklich los.«
»Wir wollen Berger gerne auf die Schliche kommen«, versuchte es Kim noch mal. »Irgendwas ist an dem nicht ganz sauber, da sind wir uns sicher.«
Karas Blick fiel auf Franzi. »Dein cooles Projekt ist auf dem Gebiet der stillgelegten Bahnschienen angesiedelt. Da würde ich an eurer Stelle genauer hinschauen.« Sie räusperte sich. »Mehr kann ich im Moment nicht sagen, es tut mir leid. Ich muss mir alles noch mal durch den Kopf gehen lassen.« Sie griff nach ihrer Tasche. Plötzlich wirkte sie noch blasser als zuvor.
»Danke!«, rief Franzi ihr noch nach, dann war sie auch schon hinter ihrem Stand hervorgekommen und Richtung Ausgang verschwunden.

Nach dem Messetag fuhren die drei !!! direkt von der Stadthalle aus zu den stillgelegten Bahnschienen.

»Ich bin richtig gespannt, bisher kenne ich es ja nur von deinen Fotos und Collagen, Franzi!«, sagte Kim unterwegs.
»Ja, ich auch!«, stimmte Marie ein.
»Ich hoffe vor allem, dass wir dort etwas finden werden, das uns mit Berger weiterhilft. Kara scheint das ja zu denken.« Franzi trat noch ein bisschen schneller in die Pedale, als könne sie es kaum mehr erwarten.
»Nicht so schnell!« Kim war etwas zurückgefallen.
Sie parkten ihre Fahrräder an der Wegkreuzung, von der aus es nur ein paar Minuten zu Fuß den kleinen Pfad entlang bis zu den zugewucherten Bahnschienen waren.
»Herrlich bunt hier!«, bemerkte Marie. »Da können die Schmetterlinge und Bienen ja echt eine Party feiern.« Es summte und brummte rundherum.
Am Ende des Weges breitete Franzi ihre Arme aus. »Tada! Hier sind wir! Ein perfekter Ort für eine Schutzzone. Findet ihr nicht auch?«
Kim ließ den Blick schweifen. »Aber echt. Super, wie du das hier entdeckt und deine Idee entwickelt hast.«
Franzi ging ein Stückchen vorweg auf den Schienen entlang. Nach einer Weile deutete sie nach rechts. »Wenn man da abbiegt, kommt man zu dem Flüsschen, an dem schon öfter der Eisvogel gesichtet wurde. Wir laufen aber besser weiter bis zum Ende der Schutzzone, also wo das Ende sein wird, wenn die Zone so eingerichtet wird, wie ich sie mir vorstelle.«
Kim und Marie folgten Franzi, bis sie irgendwann dort angekommen waren, wo Franzi vor einer guten Woche das Auto gesehen hatte.

»Hier parken manchmal Leute ihre Autos, wenn sie mit ihren Hunden spazieren gehen«, informierte Franzi ihre Freundinnen, dann blieb sie abrupt stehen.
Kim wäre fast in sie gerannt. »Was ist denn los?«
»Seht euch das an!« Fassungslos deutete Franzi auf eine kahle Stelle, an der kaum noch etwas blühte und grünte. Es war wie ein Loch, das jemand in die bunte Natur gezaubert hatte.
»Oje.« Marie seufzte.
»Dahinten blüht es aber weiter!« Kim zeigte auf eine Stelle, wo die Blumen und Gräser wieder in voller Pracht wuchsen.
»Moment mal!« Franzi zog hektisch ihr Handy aus der Tasche, gab den PIN-Code ein und wischte über das Display. Es dauerte eine Weile, aber dann hatte sie gefunden, wonach sie suchte. »Hier!« Sie spreizte Daumen und Zeigefinger auf dem Display, um einen Teil des Fotos heranzuzoomen. Sie bekam große Augen und hielt Kim und Marie ihr Handy hin.
»Das ist das Auto, das ich fotografiert habe, als ich letztens noch Fotos für mein Projekt gemacht habe. Ich habe die Bilder von meiner Kamera zum Glück alle auf mein Handy übertragen. Eigentlich dachte ich, jemand hätte seinen Hund im Kofferraum, und habe das Auto aufgenommen, weil mir plötzlich die Idee kam, eine Karte mit Ausweichstrecken für Hundebesitzer zu zeichnen. Der Kofferraum stand offen, deshalb konnte ich direkt reinfotografieren.«
»Was sind denn das für Kästen?«, wollte Marie wissen.
»Warte mal, ich zoome noch etwas ran, ein bisschen geht vielleicht noch«, sagte Franzi.
Sie hielt ihren Freundinnen wieder das Handy vor die Nase.

Marie schluckte. »Giftkanister!«
»Darf ich mal eben?«, fragte Kim, und als Franzi nickte, nahm sie das Handy und fuhr vom Rand aus mit Zeigefinger und Daumen zueinander. »Hier, jetzt sieht man wieder das ganze Auto. Sagt mal, kommt euch das nicht irgendwie bekannt vor?«
Franzi und Marie starrten auf das Display, das Kim ihnen zugedreht hatte.
»Berger«, hauchte Franzi entgeistert.

Detektivtagebuch von Kim Jülich
Mittwoch, 19:52 Uhr

So langsam fügt sich alles zusammen.
Paul hat die Stände sabotiert, weil er hoffte, damit seine eigenen Gewinnchancen zu erhöhen. Es tut mir trotzdem leid, dass er disqualifiziert wurde, denn es war ihm wegen seines Opas so wichtig zu gewinnen. Aber Herr Müller hat da nicht mit sich verhandeln lassen, auch wenn er anerkennen musste, dass Paul sich selbst gestellt hat. Und er war natürlich sehr dankbar, dass der Fall jetzt aufgeklärt ist. Süß finde ich, wie Ben sich verhalten hat. Klar, es wäre deutlich einfacher für uns gewesen, wenn er gleich verraten hätte, was es mit der Sabotage auf sich hat, aber ich finde es auch stark, wie sehr er sich hinter seinen Bruder gestellt und an ihn geglaubt hat.
Und damit wären wir bei unserem zweiten Fall. Erst finden wir heraus, dass Berger wieder mit dieser dubiosen, angeblich jetzt nicht mehr Fast-Fashion-Firma zusammenarbeiten will, dann entpuppt sich die Bio-Kleidung als Knisterkleidung, Kara gibt uns einen geheimnisvollen Tipp und nun finden wir auch noch heraus, dass Berger in Franzis Schutzzone Pflanzengift eingesetzt hat!
Es wird also höchste Zeit, Bergers Machenschaften aufzudecken.

Geheimes Tagebuch von Kim Jülich
Mittwoch, 20:12 Uhr

► Wer das hier liest, hat nicht verstanden, was geheim bedeutet! ◄

Ich muss die ganze Zeit an Paul denken und wie traurig er aussah, als er gestanden hat, vor allem, als er von seinem Opa erzählt hat. Ich kann mir richtig vorstellen, wie die beiden früher zusammen getüftelt haben. Bestimmt hat er sich immer wieder ganz genau vorgestellt, wie es sein würde, wenn er mit dem Schiff unterwegs ist, dabei hilft, die Umwelt zu retten, und seinen Opa ganz nah an seiner Seite spürt. Vielleicht würde ich ihm sogar meinen Preis überlassen, falls ich gewinnen sollte.

Für Ben freut es mich, dass er mit Kara zusammen ist, und umgekehrt natürlich auch. Ich hoffe, dass es ihr bald besser geht und dass sie nicht mehr immer so blass und traurig aussieht. Irgendwie hat das auch mit Berger zu tun, hat Ben gesagt. Ich kann mir zwar gerade noch nicht genau ausmalen, wie, aber ideal wäre natürlich, wenn wir ihr helfen könnten, sodass es ihr besser geht und sie uns in der Sache mit Berger weiterbringt! Ich bin richtig aufgewühlt und weiß gar nicht, ob ich gleich einschlafen kann. Am besten mach ich mir so eine Hafermilch wie Mama letztens, die war voll lecker und ein super Schlummerdrink.

Artenvielfalt – Tiere

Fünf Tierarten, die am meisten unter der Klimakrise leiden und warum

- Afrikanischer Elefant – Wilderei und Rückgang des Lebensraumes
- Koala – Dürre und Buschbrände
- Eisbär – der Lebensraum, das Polareis, schmilzt
- Meeresschildkröte – weniger Nachwuchs durch Temperaturanstieg der Meere
- Sumatra-Orang-Utan – durch Abholzung, heftigere Regenperioden und Waldbrände während der Dürreperioden

Schon gewusst, wie nützlich Insekten sind?

Klar, manchmal nerven Fliegen oder Mücken echt. Aber in der Natur hängt alles zusammen, es muss ein Gleichgewicht zwischen Tieren und Pflanzen geben. Viele Pflanzen werden von Insekten bestäubt. Wenn die Anzahl an Insekten zurückgeht, werden weniger Blüten befruchtet und es wachsen weniger Früchte. Zudem sind Insekten die Nahrungsgrundlage für größere Arten wie Vögel und Reptilien, aber auch für Säugetiere wie Igel. Sie sind ein wichtiger Bestandteil der Nahrungskette.

Powertipps

- Baue eine Vogeltränke und -badestelle aus einer alten Pfanne oder einem Pflanzenuntersetzer und stelle Vogelfutter mit Sonnenblumenkernen, Erdnüssen, Mais und kleinen Trockenfrüchten auf.
- Schenke dem Schwalbenschwanz (Schmetterling) ein Zuhause und pflanze Dill, Pastinaken, Fenchel oder Möhren.
- Lass naturnahe Ecken im Garten stehen, über die sich vor allem Igel und Insekten freuen.

Was ist die Rote Liste?

Auf der sogenannten *Roten Liste* werden bedrohte Tier- und Pflanzenarten geführt. Die Liste wird von der Weltnaturschutzunion herausgegeben und jährlich aktualisiert. Die Lebewesen werden zwischen »gefährdet«, »stark gefährdet« und »vom Aussterben bedroht« bis »ausgestorben oder verschollen« eingestuft. Durch die Rote Liste erfährt man, wie es welchen Arten geht und ob zum Beispiel Artenschutzmaßnahmen erfolgreich waren, weil es wieder mehr Tiere oder Pflanzen dieser Art gibt.

Nicht zu fassen!

»So direkt bekommen wir ja sowieso nichts aus Berger heraus. Es wird nichts darum herumführen, auf seinem Firmengelände zu ermitteln. Was meint ihr?« Kim bemühte sich, mit den anderen beiden mitzuhalten, die immer zwei Stufen nach oben zur Messehalle nahmen.

»Ja, da hast du recht. Aber vorher sollten wir noch mal mit Kara sprechen. Gestern meinte sie doch, dass sie über einiges nachdenken müsse. Vielleicht hat sie das ja inzwischen und liefert uns weitere hilfreiche Informationen«, sagte Marie.

»So machen wir das«, war auch Franzi einverstanden.

Als Erstes trafen die drei !!! auf Paul, den sie gestern nach seinem Gespräch mit Herrn Müller gar nicht mehr gesehen hatten.

»Was hat Herr Müller eigentlich gesagt?«, fragte Kim. »Als klar war, dass du auf jeden Fall disqualifiziert wirst, bin ich gegangen und ihr habt doch noch eine Weile weitergeredet.«

»Ich kann froh sein, dass ich überhaupt noch herkommen darf. Herr Müller war so sauer. Er sagte, ich solle sofort nach Hause fahren und auch die restlichen Messetage nicht mehr wiederkommen, dann hat er sich aber wieder eingekriegt. Irgendwann hat er gemeint, dass er mir meinen Mut, mich selbst zu stellen, hoch anrechne und dass er in meinem Gesicht ablesen könne, dass ich so etwas nicht wieder tue.«

»Ein Glück, der ist echt nett«, stellte Franzi fest. »Wir haben heute einiges vor – könntest du vielleicht an unseren Ständen aushelfen?«

»Na klar, ich bin dabei!«, sagte er tapfer. »Ich geh jetzt aber erst mal zu Emma und helfe da. Bis später!«

»Danke, Paul!« Marie lächelte ihn ermutigend an.

»Ich habe gestern noch etwas herausgefunden. Seht mal!« Kim hielt Franzi und Marie ihr Handy hin.

»NFS – *NewFashionStyles*. Ist das eine Modefirma?«, fragte Marie.

»Ja, genau, und zwar eine, die in den letzten Monaten ständig ihren Namen und ihre Adresse geändert hat. Und als Inhaber eingetragen für diese Firma ist ein gewisser Herr Andreas Hövelmann. Endlich hab ich den Namen zu dem Fast-Fashion-Skandal gefunden, der hatte sich bisher gut im Netz versteckt«, erzählte Kim.

Franzi hob den Kopf. »Ist ja kein besonders gutes Zeichen für seine Firma, wenn er sie ständig umbenennen muss. Das spricht schon mal dafür, dass er Dinge vertuschen will, denn das ist doch meistens der Grund, warum Firmen oft umbenannt werden, richtig?«

»Genau! Und jetzt kommt noch was. Auf der neuesten Webseite gibt es eine angebliche Bio-Produktreihe mit dem geheimnisvollen Namen BB.«

»BB? BB! Wie Bernhard Berger!« Marie winkte Lisa im Vorbeigehen zu, die an ihrem Stand gerade mit einem Lehrer sprach.

»Es kann natürlich Zufall sein. Nach dem, was wir bisher alles herausgefunden haben, ist das aber eher unwahrscheinlich. Wir sind da einer echt großen Sache auf der Spur.« Kim ging einen Schritt schneller. »Da ist Kara, oder?«

Kara lief gerade zusammen mit Ben durch die große Flügeltür in Richtung Treppenhaus und Ausgang. Die drei !!! folgten ihnen hastig, hatten aber Mühe mitzuhalten. Als die Freundinnen aus dem Portal der Stadthalle traten, waren die beiden schon im Park gegenüber und verschwanden gerade hinter einer Baumgruppe. Kim, Franzi und Marie rannten los, aber als sie an den Bäumen waren, war niemand mehr zu sehen.

»Wo sind sie denn so schnell hin?« Franzi ließ den Blick von einer Seite des Parks zur anderen schweifen.

»Vielleicht wollen sie ja einfach mal kurz allein sein. Immerhin sind sie wohl verliebt, also Ben hat man es jedenfalls angesehen, als er von Kara erzählt hat.« Marie kicherte. »Richtig süß war das.«

»So wie sie eben aussahen, glaube ich das kaum. Irgendwie wirkten beide bedrückt«, gab Kim zu bedenken.

»Kommt, wir gehen ein Stück zwischen die Bäume«, schlug Franzi vor. Im hinteren Teil des Parks wuchsen die Bäume etwas dichter. Die Vögel schienen hier noch lauter zu zwitschern.

»Ach, das hat doch keinen Zweck, sie sind nicht hier!« Marie seufzte, doch Kim gab den anderen plötzlich ein Zeichen, stehen zu bleiben. Hinter einer Fichte lugte ein Schatten mit vier langen Beinen hervor. Sie schlichen sich näher heran und lauschten.

»Es wäre aber gut, wenn wir Kim, Franzi und Marie einweihen. Sie sind Detektivinnen und ermitteln in dem Fall!«, hörten sie Ben sagen. »Ich finde es richtig toll, dass du schon die ganzen Tage so gut durchhältst trotz all dem Stress und den Drohungen von Berger.«

»Das ist es ja! Du hast gesehen, wie der auf mich reagiert hat. Es steht viel für uns auf dem Spiel.« Das war Karas Stimme.

»Ja, aber du hast die Fotos doch aus einem bestimmten Grund geschossen. Und nun hast du die Chance, dass das Ganze so richtig hilfreich sein kann«, meinte Ben.

»Und was, wenn meiner Mutter dann gekündigt wird? Und wer weiß, wozu der Typ sonst noch so fähig ist.« Kara schluchzte.
»Ben? Kara?«, rief Kim. Eine Weile passierte nichts, dann kamen die beiden hinter dem Baum hervor. Kara sah erschrocken aus. »Steht ihr da schon länger?«
»Ja. Wir haben von den Fotos gehört und dass einiges auf dem Spiel steht«, ließ Marie sie mit sanfter Stimme wissen.
Kara atmete tief durch und lehnte sich an den Baum. Sie schloss kurz die Augen, dann richtete sie sich auf. »Also gut. Ich erzähle euch alles!« Sie nahm ihren Rucksack ab und holte einen Umschlag heraus, den sie den drei !!! überreichte. Ben seufzte erleichtert. Kim nahm den Umschlag entgegen und öffnete ihn.
»Diese Fotos habe ich auf dem Gelände von Bergers Firma *FairAngelFashion* gemacht. Der Name ist da alles andere als Programm«, flüsterte Kara.
Kim, Franzi und Marie sahen die Fotos durch. Das betonierte Firmengelände wirkte riesig und an einer Stelle hinter der Haupthalle stand ein Gerüst, das darauf hindeutete, das hier eine weitere Halle im Entstehen war. Scheinwerfer und ein hoher Zaun begrenzten das Gelände. Hinter dem Zaun war weithin kein bisschen Grün zu sehen.
»Wieso sieht es denn auch hinter dem Gelände aus wie in der Wüste?«, fragte Marie.
»So genau weiß ich es nicht, aber unter den Mitarbeitenden munkelt man, dass dort Gift eingesetzt wurde«, antwortete Kara.
»Ha!«, rief Franzi. »So wie bei den stillgelegten Bahnschienen! Da waren wir nämlich gestern und haben entdeckt, dass ein großer Bereich fast völlig kahl ist. Ich habe Berger vor einer Woche

zufällig aufgenommen, als ich noch gar nicht wusste, wer er ist. Und als wir das Foto genauer angeschaut haben, haben wir erkannt, dass in seinem Kofferraum Giftkanister waren!«

»Ja, das hatte ich befürchtet. Von den Plänen, dass in dem Bereich gebaut werden soll, habe ich während meines Praktikums mitbekommen. Deswegen hat er wahrscheinlich schon mal in einem Bereich losgelegt, um dann später im großen Stil weiterzumachen. Denn je weniger dort blüht, gedeiht und lebt, desto wahrscheinlicher ist es, dass die Stadt seinem Konzept zustimmt, dort zu bauen«, sagte Kara.

»Eine Gemeinheit ist das! Ich habe die Fotos ausgedruckt. Hier!« Sie reichte Kara die beiden Bilder.

»Danke, gute Arbeit. Ja, er braucht immer mehr Gelände, weil er sich mit dieser Fast-Fashion-Firma zusammentun will. Damit würde er so viel Geld verdienen, dass einem schwindlig werden kann.« Kara seufzte.

»Aber wie soll das gehen? Biokleidung ist doch geschützt wie alle Bioprodukte!«, stellte Marie fest.

»Geht mal weiter meine Fotos durch. Dann seht ihr es.« Kara blinzelte aufgeregt.

»Sind das Stoffballen, die da aus dem Paket gucken?«, fragte Franzi und hielt ein Foto hoch.

»Ja, genau.« Kara klang sauer und traurig zugleich. Sie reichte den drei !!! ein weiteres Foto, auf dem sie ein Schild herangezoomt hatte. »Und wenn ihr da genau hinschaut, steht da *Made in China*. Da soll es zwar auch mittlerweile Biobaumwolle geben, aber bei diesen Stoffen hier sieht man auf den Schildern, dass es sich noch nicht mal um Baumwolle handelt.«

Kim blätterte weiter. »Ah, ein Lieferzettel. Ui, sind das viele chinesische Zeichen. Da steht es aber auch auf Deutsch. 50 Prozent Nylon, 30 Prozent Polyester und 20 Prozent Lycra!«

Kara zeigte auf das Foto. »Alles Chemietextilien, die Berger dann auch noch mit zusätzlicher Chemie so wirken lässt, als wäre es beste Baumwolle. Es werden auch keine natürlichen Farben verwendet.«

Marie sah ihr in die Augen. »Wie bist du auf das Gelände gelangt und sogar in die Halle mit den Stoffballen?«

»Meine Mutter arbeitet bei FAF im Büro. Ich hatte mich für ein Praktikum angemeldet. Ich kenne ein paar Kollegen von Mama und hatte so Zugang zu Bereichen, wo sonst eigentlich keine Praktikantinnen hinkommen. Aber irgendwann habe ich aus Versehen etwas umgestoßen. Ich war so angespannt und die Luft ist in den Hallen so stickig. Berger hat mich entdeckt und ich musste flüchten. Danach hat er meiner Mutter gedroht. Und seit wir uns auf der Messe wieder begegnet sind, auch mir.«

»Dann war der Artikel in der Zeitung eigentlich über dich?«, wollte Kim wissen.

»Ja, aber es sollte nicht an die Öffentlichkeit, dass ich es war. Damit nicht noch mehr herauskommt, denn natürlich weiß meine Mutter alles, was in der Firma so läuft. Aber Berger hat den Spieß umgedreht und informierte die Presse, allerdings ohne denen zu erzählen, dass er mich gesehen hatte.«

»Und da passte es wohl ganz gut, dass es Friends for Future gibt. So kann er einfach behaupten, dass wir schuld sind, wann immer etwas Unbequemes über ihn geschrieben wird. Vor allem, seit ich diese Aktion gegen ihn gestartet habe, sind wir für Berger sowieso ein Störfaktor«, warf Ben ein.

Kara nickte. »Genau. Angeblich wollte er die Friends auf seinem Gelände gesehen haben. Dabei hat er ihr Logo eigenhändig auf den Boden gesprüht und der Presse gegenüber behauptet, dass das ja wohl Beweis genug wäre. Meine Mutter hat mitbekommen, wie er seinem engsten Mitarbeiter, Herrn Natterer, davon erzählt und damit geprahlt hat, dass man der blöden Presse auch alles verkaufen könne.«

Ben seufzte, was eher wie ein Knurren klang.

»Das ist wirklich alles unglaublich. Zwischendurch haben wir gedacht, dass du sogar als Verdächtige für die Sabotage infrage kommen könntest«, ließ Kim Kara wissen. Die schaute überrascht auf.

»Ich?«

»Na ja, weil du uns aus dem Weg gegangen bist, dachten wir, dass du etwas zu verbergen hast. Und als du dann eines meiner Schränkchen umgerissen hast und gesagt hast *Nicht schon wieder* – da dachte ich, du wärst schon mal bei mir am Stand gewesen. Um die Sachen zu entwenden.«

Kara zog einen Mundwinkel nach oben. »Das habe ich gesagt, weil ich doch bei Berger auch etwas runtergerissen hatte. Überhaupt war ich in letzter Zeit so gestresst, dass mir so etwas öfter passiert ist.«

Kim biss sich auf die Lippe.

»Jetzt kommt noch das Wichtigste.« Kara reichte den drei !!! ein letztes Foto. »Dadurch, dass ich gestört wurde, ist gerade dieses Foto nicht ganz scharf geworden. Ich hatte mich so vorgearbeitet an dem Tag und mir das Wichtigste für den Schluss aufgespart. Ich hätte es andersherum machen sollen. Es könnte allerdings der wichtigste Beweis sein.« Kara ließ betrübt den Kopf sinken.

Kim hielt das Foto etwas näher an ihre Augen. »Was ist das?«

»Pappe, bedruckt – mit gefälschten Biosiegeln! Die hängen an jedes Kleidungsstück ein Schild dran, auf dem ein Biosiegel abgebildet ist, das es in dieser Form gar nicht gibt. Sie stellen ein paar wenige Kleidungsstücke her, die tatsächlich ein GOTS-Siegel tragen, das betrifft aber nur eine ganz kleine Linie mit geringer Stückzahl. Darüber hat Berger das Vertrauen in seine Marke aufgebaut.«

Marie hob den Kopf. »Lisas Lieblingsshirt ist aus dieser Kollektion!«

»Ja, das kann sein. Als es dann gut lief, hat er in immer größerem Stil Stoffe als Biostoffe verkauft, die gar keine sind«, fuhr Kara fort. »Mit einem eigenen Biosiegel, das dem GOTS-Siegel zum Verwechseln ähnlich sieht. Ihr wisst schon, ein Shirt mit grünlichem Rand. Auf diese Weise hat Berger gut verdient, weil er die Billigstoffe natürlich für viel Geld verkauft hat. Was für Stoffe das sind, wie viel Mikroplastik sie produzieren und unter welchen Arbeitsbedingungen sie entstanden sind, war ihm egal.«

»Das ist nicht zu fassen!«, sagte Marie.

Kim wippte unruhig mit dem Fuß. »Wir sollten keine Zeit mehr verlieren!«

Franzi nickte. »Wir brauchen so ein gefälschtes Biosiegel und dazu das echte, damit wir beide vergleichen und es als Beweis benutzen können.«

»Und am besten noch einen Beweis dafür, dass Berger mit dieser Fast-Fashion-Firma gemeinsame Sache machen will«, sagte Marie.

Kara räusperte sich. »Berger verkauft mittlerweile vor allem online. Da kann er das Ganze noch besser verschleiern. Wie er es angehen will, wenn er seine Filiale hier eröffnet, weiß ich nicht.«

Ben seufzte. »Er setzt darauf, dass das Ganze nicht auffliegt. Das ist sogar wahrscheinlich. Es ist so wie mit Blüten.«
»Blüten? Wie meinst du das, Ben?«, wollte Franzi wissen.
»Ich meine gefälschte Geldscheine. Wenn die gut gemacht sind, haben es sogar Spezialisten schwer, die Fälschung zu erkennen. Und wer hakt schon nach, ob auch wirklich alles richtig ist, wenn man ein Kleidungsstück kauft, an dem ein Schild hängt, das so echt aussieht? Da haben die meisten einfach das Gefühl, sie haben mit dem Kauf alles richtig gemacht.«
»Deshalb brauchen wir die Beweise direkt aus der Fabrik«, rief Kim entschlossen.
Kara wurde blass. »Ich kann da nicht noch mal rein, echt nicht.«
»Wärst du denn bereit, das ganze Beweismaterial, das du gesammelt hast, der Presse zu zeigen? Und auch der Bürgermeisterin?«, hakte Marie nach. »Du könntest Franzis Fotos mit dem Gift gleich dazulegen.«
Kara schluckte. »Ja, ich glaube schon. Ich habe nur echt große Angst um meine Mutter.«
»Das verstehe ich gut. Wir sind an deiner Seite, okay?« Marie legte Kara einen Arm um die Schulter. »Heute habe ich noch keine Presseleute auf der Messe gesehen, du könntest auch direkt bei der Zeitung vorbeischauen. Wenn sie hören, worum es geht, werden sie dich keinesfalls abweisen. Und Ben wird dich sicher unterstützen.«
»Ist doch Ehrensache.« Er warf Kara einen liebevollen Blick zu.
»Gut, und wir drei gehen in die Fabrik. Wie machen wir das am besten, Kara?«, erkundigte sich Kim.
Kara schloss kurz die Augen und überlegte. »Also, das wird nicht leicht, denn ihr müsst an der Security vorbei. Vielleicht könnt ihr

mit irgendwem reinschlüpfen, aber da müsst ihr schon ganz schön viel Glück haben. Ich weiß nicht.«
»Wir machen das schon irgendwie«, versicherte Franzi ihr.
»Falls ihr es wirklich in die Halle schafft – die gefälschten Siegel findet ihr hinten rechts in der Ecke.«
»Ist gut. Lass uns noch eben Handynummern austauschen, dann können wir uns auf dem Laufenden halten.« Franzi lächelte aufmunternd in die Runde.
Kara ließ sich von Franzis Zuversicht anstecken. Ihre Miene hellte sich etwas auf. »Okay, aber passt gut auf euch auf!«
»Und wie kommen wir von hier aus am schnellsten zum Firmengelände?«, wollte Marie wissen.
»Vor der Stadthalle hält ein Bus, der fährt direkt hin, dauert so zwanzig Minuten«, erklärte Kara.
»Lasst uns mal nachsehen, wann der nächste fährt«, meinte Kim.
»Laut Plan soll der Bus in zwei Minuten abfahren. Dann los, der nächste geht erst wieder in einer halben Stunde!«, stellte Marie mit einem Blick auf ihr Handy fest.
Die fünf sprinteten los und die drei !!! hatten Glück. Der Bus bog gerade in die Straße vor der Stadthalle.
»Also, wenn alles gut läuft, sind wir rechtzeitig vor dem Messeschluss mit den gefälschten Biosiegeln wieder zurück.« Kim winkte Ben und Kara und stieg in den Bus, Franzi und Marie folgten ihr.
»Viel Glück!«, rief Kara ihnen nach.
»Euch auch!«, riefen Kim, Franzi und Marie gleichzeitig.
»Und vergesst nicht, euch zwischendurch zu melden!«, verlangte Ben. Dann schlossen sich die Türen. Nachdem die drei Detektivinnen bezahlt hatten, setzten sie sich in die letzte Reihe.

Luft- und Lichtverschmutzung – weniger ist mehr

Luftverschmutzung

Überall auf der Welt leiden Menschen unter schlechter Luft. Diese wird durch die Abgase des Verkehrs und der Industrie verschmutzt. Besonders gefährlich ist der Feinstaub, der bei der Verbrennung von Öl, Kohle oder Holz entsteht. Vor allem in Großstädten bildet sich eine graue Nebelschicht aus Schadstoffen: Smog. Gefährlich ist der Feinstaub für die Atemwege, da die Härchen in der Nase die winzigen Staubpartikel nicht filtern können und sie in unsere Lunge gelangen. Eine Folge davon kann Asthma sein, aber auch Unwohlsein, Konzentrationsprobleme und Müdigkeit.

Powertipps

- Veranstalte einen Dunkelabend mit deinen Freunden.
- Macht es euch ohne Licht gemütlich.

CO_2 in der Luft

Luft besteht aus etwa 78 % Stickstoff, fast 21 % Sauerstoff und ein paar anderen sogenannten Spurengasen. CO_2 kommt nur zu 0,04 % vor. Doch seit es Fabriken und Autos gibt, steigt der Anteil von CO_2 in der Luft an. Dass das für Menschen ungesund sein kann, merkst du, wenn du lange in einem Raum bist, ohne zu lüften. Du wirst müde und kannst Kopfschmerzen bekommen. Schwierig wird es für die Gesundheit, wenn der Kohlendioxid-Gehalt in der Luft einen Wert von 5 % übersteigt. Auch Pflanzen tut zu viel CO_2 nicht gut.

Schon gewusst, dass auch Lichtverschmutzung ein Problem ist?

Tiere und Pflanzen passen sich an den Wechsel von Tag und Nacht an. Nachtaktive Tiere nutzen den Mond und die Sterne als Kompass. Weitere Lichtquellen verwirren sie, weshalb Lichtverschmutzung auch zum Insekten- und Vogelsterben beiträgt. Zugvögel werden zum Beispiel vom Licht durcheinandergebracht und fliegen unnötige Umwege. Es kommt vor, dass Vögel und Insekten in der Nacht gegen stark beleuchtete Hochhäuser fliegen und sterben. Singvögel passen sich derart an die Nachtbeleuchtung an, dass sie ihr Sing- und Fortpflanzungsverhalten verändern. Auch bei uns Menschen wird durch die Beleuchtung unsere innere Uhr gestört, die Folge sind Schlafstörungen. Inzwischen gibt es weltweit Lichtschutzgebiete. In Deutschland heißen diese Gebiete Sternenparks.

Mutige Schritte

Der Elektro-Bus fuhr schnurrend durch die Straßen Richtung Stadtrand.

»So gern ich mich von Stefan manchmal rumkutschieren lasse, wenn wir weitere Strecken fahren müssen, ist es mit dem Bus viel angenehmer«, meinte Franzi.

»Und umweltfreundlicher noch dazu«, sagte Marie.

»Ja, stimmt, vor allem mit den neuen E-Bussen«, fügte Kim hinzu. Da klingelte ihr Handy und sie nahm den Anruf an.

»Hallo, Ben! Ist alles in Ordnung?«, fragte sie besorgt.

»Ja, also ... Kara ... ich geb sie dir kurz«, stotterte Ben.

»Hallo«, sagte Kara matt. »Ich wollte nur noch mal eben ...« Sie redete nicht weiter und eine kleine Pause trat ein.

Marie und Franzi sahen Kim fragend an, die ahnte, warum Kara nicht weitersprach.

»Du schaffst das! Wir stoppen die üblen Machenschaften von Berger. Wir sind gleich bei *FairAngelFashion* und sammeln die Beweise ein. Und ihr gebt schon mal die Informationen weiter, damit Berger schnell überführt werden kann, wenn wir alles beisammenhaben.«

Kim klang so zuversichtlich und selbstbewusst, dass es ein wenig auf Kara abzufärben schien, denn ihre Stimme wurde etwas munterer.

»Ist gut. Presseleute sind tatsächlich keine da, deshalb gehen Ben und ich jetzt zur Bürgermeisterin«, informierte Kara Kim.

»Das ist gut. Und, Kara, weißt du was? Ich hab auch Herzklopfen.«
»Danke, Kim. Bis später und viel Glück!«
Kim steckte ihr Handy weg. »Kara ist ganz schön aufgeregt«, erzählte sie ihren Freundinnen. »Aber ich glaube, sie schafft das jetzt.«

Geheimes Tagebuch von Kim Jülich
Donnerstag, 10:38 Uhr

▸ Huch, jetzt hat der Bus plötzlich gebremst und meine Schrift ist verrutscht. Wer es wagt, das hier zu lesen, wird nie mehr gerade schreiben können! ◂
Wir sind auf dem Weg, uns in Bergers Firma einzuschmuggeln, und könnten in ganz schöne Schwierigkeiten geraten. Eben hat mich Kara angerufen, weil sie fast der Mut verlassen hätte, und ich habe sie wieder aufgebaut. Dabei bin ich selbst so was von aufgeregt. Trotzdem weiß ich, dass alles gut gehen wird, denn als ich eben in meine Tasche gefasst habe, habe ich meinen Glücksstein dort entdeckt. Ich wollte ihn eigentlich zu Hause auf meinen Nachttisch gelegt haben, hatte es aber vergessen. Und nun bin ich froh darüber. Er hat schließlich viel mitgemacht in den letzten Tagen. Vor der Messe hat er mir schon ein paarmal Glück gebracht. Also jetzt gleich bestimmt auch!

Ping! machte Kims Handy, als sie eine Textnachricht bekam. »Ben hat geschrieben«, sagte sie. »Die Bürgermeisterin weiß Bescheid und will jetzt mit Herrn Müller sprechen. Gut gemacht, Kara!«
Franzi machte das Daumen-hoch-Zeichen und Marie grinste.
»Der erste Schritt wäre also getan«, sagte Kim zufrieden.
»Jetzt sind wir dran«, stimmte Franzi zu.
»Das kam mir schneller vor als zwanzig Minuten«, meinte Marie,

als der Bus in diesem Moment im Industriegebiet einfuhr. Sie stiegen an der Haltestelle aus, die Kara ihnen genannt hatte.
»Da ist das Tor!« Kim zeigte auf den Eingang.
»Ich kann meinen Herzschlag ein bisschen zu deutlich spüren«, sagte Franzi auf einmal etwas matt.
»Ja, da fehlt noch was, bevor wir reingehen.« Kim streckte ihre rechte Hand aus und rief: »Eins!«
Franzi legte ihre Hand drauf und sagte: »Zwei!«
Marie lächelte und schlug ebenfalls ein: »Drei!«
Die Mädchen hoben ihre Hände schwungvoll in die Luft und ließen ein gemeinsames »Power!!!« erklingen.
»Ich würde sagen, jetzt sind wir bereit!« Kims Augen funkelten.

Gestärkt gingen sie mit festem Schritt auf den Eingangsbereich zu. Als sie nah genug heran waren, verharrten sie an die Wand gedrückt und checkten die Lage. Vor dem Tor stand in einiger Entfernung ein Mann.
»Hoffentlich macht der gleich mal Pause«, flüsterte Marie.
Der Mann blickte auf, so als hätte er Marie gehört, dann senkte er seinen Kopf wieder.
»Wie sollen wir es nur unbemerkt durchs Tor schaffen?« Franzi klang etwas verzweifelt.
»Vielleicht brauchen wir einfach Geduld, bis sich eine Möglichkeit ergibt«, überlegte Kim laut.
»Zur Not könnten wir doch zu dem Wachmann gehen und sagen, dass wir Freunde von Kara sind«, schlug Marie vor.
»Und dann? Meinst du, der lässt uns einfach durch? Der ist doch von Berger angestellt, das Ganze hier zu schützen«, meinte Kim.

»Deshalb hab ich ja auch gesagt, im Notfall. Also, bevor wir unverrichteter Dinge wieder nach Hause fahren. Dann hätten wir es wenigstens versucht.« Marie scannte das Gelände ab. »Die Zäune sind auch zu hoch.«

Franzi atmete auf, denn ein Lieferwagen näherte sich. »Das ist unsere Chance!«

Kim reckte das Kinn. »Gut, lasst uns versuchen, mit dem Lieferwagen durchs Tor zu huschen, ohne dass uns jemand bemerkt.«

Der Lieferwagen näherte sich dem Tor und auch die drei !!! kamen näher – geduckt und an die Wand gepresst. Vor dem Wachmann blieb der Lieferwagen stehen und der Fahrer ließ die Scheibe herunter. Er reichte ein Klemmbrett heraus. Der Wachmann hakte etwas ab, nickte dem Fahrer zu, drückte einen Knopf in dem kleinen Häuschen hinter sich und das Tor schob sich zur Seite. Der Lieferwagenfahrer fuhr ungeduldig ein kleines Stückchen vor, sobald das Tor sich ein wenig geöffnet hatte. Kim, Franzi und Marie verließen ihre Deckung an der Wand und drückten sich seitlich an den Wagen. Der Lieferwagen war jetzt zwischen ihnen und dem Wachmann. Wenn der Fahrer nicht in den Außenspiegel sah, würden sie es schaffen.

»Gleich müsst ihr sehr schnell laufen, jedenfalls, bis wir durch das Tor sind und aus dem Blickfeld des Wachmanns, okay?«, flüsterte Marie. Sobald sich das Tor ganz auseinandergeschoben hatte, gab der Fahrer Gas und die drei Mädchen sprinteten auf das Firmengelände von *FairAngelFashion*. Der Lieferwagen steuerte auf eine Halle zu, doch Kim, Franzi und Marie bogen ab und verschanzten sich hinter einem Container, um sich erst mal einen Überblick zu verschaffen. Kim schnaufte laut und stützte sich

vornübergebückt auf ihren Oberschenkeln ab. »Eine Sprinterin war ich noch nie«, keuchte sie.
Da hörten sie Schritte. Irgendwo vor dem Container lief jemand entlang.
»Kim, bitte, schnauf etwas leiser«, flüsterte Franzi.
Die Schritte entfernten sich wieder, bis sie ganz verklungen waren.
Marie wagte es, hinter dem Container hervorzulugen. »Die Luft ist rein!«, raunte sie. »Ich sehe dahinten eine Tür, die in die Halle führt.«
»Und da sollen wir einfach so reinmarschieren?«, wollte Kim wissen, noch immer leicht atemlos.
»Irgendwie müssen wir ja reinkommen! Die sieht aus wie eine ganz normale Tür, vielleicht führt sie zu einem Mitarbeiterraum oder so. Weiter rechts ist ein großes Tor zur Halle. Würden wir da durchgehen, wäre es viel zu auffällig.«
Auch Franzi blickte nun hinter dem Container hervor. »Neben der Tür ist ein kleines Fenster. Am besten schauen wir, wie es drinnen aussieht, und wenn es ein ganz normaler Raum ist und keiner da ist, gehen wir rein. Was meint ihr?«
»Okay«, stimmte Marie zu, doch Kim sah noch nicht ganz überzeugt aus.
Franzi stupste sie liebevoll in die Seite. »Wir schaffen das!«
Kim lächelte. »Ist gut. Deshalb sind wir schließlich hergekommen.«
Langsam schlichen sie an den Rand des Containers und dann rannten sie über den Vorplatz rüber zur Halle. Franzi reckte sich, um durch das kleine Fenster sehen zu können.
»Und? Kannst du etwas erkennen?«, erkundigte sich Kim.

»Das sieht gut aus! Fast wie eine Abstellkammer mit Schränken. Und einem Putzwagen! Wir könnten uns ja als Putzkräfte ausgeben«, antwortete Franzi. Sie musste kurz grinsen bei der Vorstellung. »Jedenfalls ist da eine weitere Tür, die müsste in das Halleninnere führen.«
»Dann schnell, bevor ich es mir anders überlege«, drängte Kim.
Marie sah Kim und Franzi fest in die Augen, dann drückte sie die Klinke herunter, hielt den anderen die Tür auf und die drei betraten den kleinen Raum. »Die Tür war gar nicht ganz zu, was für ein Glück! Vielleicht hätten wir sie sonst nicht öffnen können«, stellte Franzi fest.
Schwungvoller als gedacht schwang die Tür hinter ihnen mit einem lauten *Klick* ins Schloss. Marie, die der Tür am nächsten war, zuckte kurz zusammen, dann griff sie nach der Türklinke. »Oh, aber jetzt ist sie eindeutig zu. Sie öffnet sich nicht mehr. Vielleicht ist das so eine Tür mit einem Mini-Hebel im Inneren, den man so einstellen kann, dass die Tür geschlossen bleibt, wenn sie einmal ganz ins Schloss gefallen ist.«
Kim raste zu der anderen Tür auf der gegenüberliegenden Seite des kleinen Raumes. Sie drückte die Klinke runter und drehte sich zu Franzi und Marie um. Ihr Augen waren geweitet und die Farbe war ihr mit einem Schlag aus dem Gesicht gewichen. »Die ist auch verschlossen.« Kim sah sich panisch im Zimmer um, dann begann sie, laut und schnell ein- und auszuatmen.
»Okay, keine Panik«, sagte Marie und ging einen Schritt auf Kim zu. Auch Franzi kam näher und legte Kim eine Hand auf den Rücken. »Keine Sorge. Wir finden eine Lösung!«

Energiesparmodus

Grüner Strom

In Zukunft soll Strom vor allem aus erneuerbaren Energien gewonnen werden, also aus Sonnenlicht, Wind und Wasser. Erneuerbar heißen sie deshalb, weil sie unendlich vorhanden sind, im Gegensatz zu fossilen Rohstoffen wie Kohle, Öl und Gas. Sonnenlicht kann durch sogenannte Fotovoltaik-Anlagen, die sich inzwischen auf vielen Hausdächern befinden, direkt in elektrische Energie umgewandelt werden. Windenergie wird von Windrädern »eingefangen« und die entstehende Bewegungsenergie wird, ähnlich wie bei einem Fahrrad-Dynamo, in Strom umgewandelt. In Wasserkraftwerken wird Wasser aus einem Fluss mithilfe eines Staudamms gestaut. Lässt man das Wasser durch eine Schleuse gezielt heraus und durch sogenannte Turbinen fließen, werden diese in Bewegung gesetzt und erzeugen Strom. Wichtig ist dabei, den grünen Strom so naturverträglich wie möglich in unsere Umwelt zu integrieren – in diesem Bereich wird stetig geforscht.

Powertipps

- Räume regelmäßig dein Handy auf und streame nicht so oft!
- Ohne den Backofen vorzuheizen, sparst du bis zu 20 % Energie!
- Biete deiner Familie an, die Wäsche aufzuhängen, statt sie im Trockner zu trocknen!

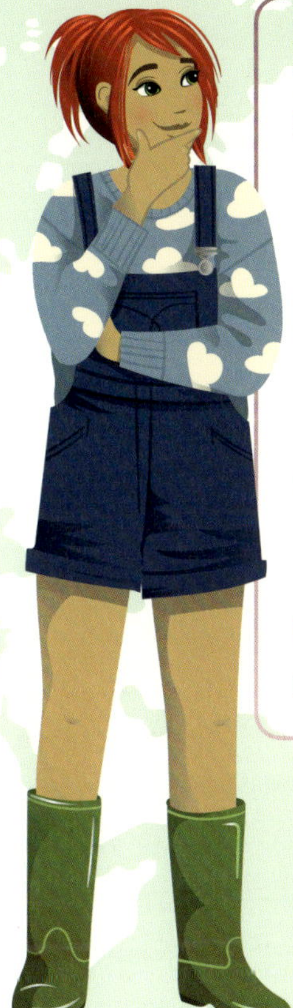

Schon gewusst, dass Blaualgen Strom produzieren könnten?

Blaualgen sind in der Lage, durch Fotosynthese ihre Nahrung selbst herzustellen. Wissenschaftler haben herausgefunden, dass sie dabei mit Licht und Wasser sogar Strom produzieren können. Selbst nachts konnte beobachtet werden, dass das erforschte Algensystem Strom abgegeben hat, obwohl die Fotosynthese ohne Licht eigentlich gar nicht ablaufen kann. Die Forschenden vermuten, dass die Alge einen Teil ihrer Nahrung verarbeitet, auch wenn kein Licht da ist. Wenn sich die Mini-Kraftwerke weiter bewähren, könnten sie in Zukunft auch im größeren Rahmen zur Stromgewinnung dienen.

Stromverbrauch

Zu den größten Stromfressern im Haus zählen der Herd, die Beleuchtung, der Wäschetrockner, Kühlschrank, Gefrierschrank, der Geschirrspüler, die Waschmaschine und der Fernseher. Viele dieser Geräte ziehen auch nachts Energie, weil sie nicht ganz ausgeschaltet werden und im Stand-by-Modus bleiben.

»Mist«, schimpfte Marie. »Gerade heute ist mein Dietrichset nicht in der Tasche gelandet, die ich nach dem Frühstück gepackt habe. Wer hätte auch gedacht, dass ich das in Verbindung mit der Messe brauchen könnte.«

Kim hielt kurz die Luft an.

Marie fuhr sich durch die Haare und zog eine Nadel aus dem Haar. »Ha! Wusste ich doch, dass die da irgendwo steckt, sie ist verrutscht. Ich dachte, ich hätte sie verloren. Und da ist noch eine! Die eine Strähne war heute irgendwie so widerspenstig, da brauchte ich gleich zwei.« Sie bog die Haarnadel auseinander und entfernte die Plastikkappen an den Enden.

»Und wieder einmal sind wir dankbar für deine Haarpracht, die du mit Haarnadeln alias Dietrichersatz bändigst«, sagte Franzi erleichtert.

Marie lächelte kurz, blieb aber auf ihr Ziel konzentriert. Sie steckte die erste Haarnadel ein kleines Stückchen ins Schloss und drückte sie dann ein wenig nach unten, damit sie sich verbog. Dann zog sie sie wieder heraus und bog das Ende zu einer Schlaufe. »Damit kann ich es gleich besser halten«, murmelte sie. Sie versuchte die zweite Haarnadel zu biegen. »Puh, die ist aber besonders stabil, wie soll ich da denn einen rechten Winkel reinbiegen ohne Zange?« Sie sah sich um. An der linken Wand stand ein Metallschränkchen. »Da!« Marie ging hinüber und bog die Haarnadel

an der Metallkante des Schrankes in die gewünschte Form. Dann schob sie die eben gebogene Nadel ins untere Teil des Schlosses und drehte sie ein Stückchen nach rechts. Marie steckte die andere Nadel dazu und machte konzentriert tastend die Augen zu. »Ich finde den ersten Pin im Inneren des Schlosses nicht, Moment.«
Kim, die immer noch laut hörbar atmete, beobachtete Marie angestrengt. Franzi strich Kim beruhigend über den Rücken.
Ein Klickgeräusch ließ die Mädchen aufatmen. »Einen hab ich schon mal!«, sagte Marie, schloss wieder die Augen und tastete weiter mit ihrem Dietrich. Nach und nach klickte es, bis sich das Schloss irgendwann mit einem endgültigen Klack öffnete. Marie drückte die Türklinke runter und zog minimal an der Tür, die sich endlich öffnen ließ. »Geschafft!«, hauchte sie.
»Was für ein Fingerspitzengefühl, unglaublich, wie du das immer hinkriegst!« Franzi lächelte breit und auch Kims Gesicht bekam wieder etwas mehr Farbe.
Marie hielt die Türklinke fest und lauschte durch den Minispalt. »Ich höre nichts. Los!«
»Ist gut, uns bleibt ja auch kaum eine andere Möglichkeit.« Franzi drückte Kims Schulter und warf ihr noch einmal einen aufmunternden Blick zu. Die drei glitten durch die Tür in einen Gang, an dessen Ende wieder eine Tür war.
»Bitte lass die nicht auch verschlossen sein!«, sagte Kim matt.
Dieses Mal presste Franzi ihr Ohr an die Tür. »Oh ja, dahinter ist schon mehr los, ich höre Stimmen und Schritte.«
»Das heißt aber auch, dass wir im Grunde sofort auffliegen, wenn wir da jetzt durchgehen«, gab Marie zu bedenken. »Aber es war ja klar, dass wir irgendwann auf jemanden stoßen, schließlich ist

heute ein ganz normaler Arbeitstag«, meinte Kim und klang schon viel weniger matt. »Wir müssen es also klug angehen. Marie, am besten nutzen wir dein Schauspieltalent, so gewinnen wir Zeit, indem du die Leute, die uns gleich sicher aufhalten wollen, ablenkst.«

Marie nickte. »Ja, ich überleg mir was.«

»Und was hatte Kara noch gesagt?«, fuhr Kim fort, die mittlerweile ihre Kraft wieder zurückgewonnen hatte. »Die falschen Siegel werden hinten rechts in der Ecke gelagert. Wenn das von dieser Tür aus weit weg ist, sprintest du dorthin, Franzi, und versuchst so ein falsches Biosiegel zu finden. Okay?«

»Na klar. Ich werde so schnell losrennen, dass die nicht sofort reagieren können«, sagte Franzi.

»Und ich versuche so zügig wie möglich herauszufinden, wo weitere Beweise auffindbar sind. Vielleicht fällt mir ja irgendetwas ins Auge, was Berger noch verraten könnte«, entschied Kim.

Die drei !!! atmeten gleichzeitig einmal tief durch.

»Alle bereit?«, erkundigte sich Marie. Kim und Franzi nickten und Marie stieß die Tür auf.

Einen Moment lang schien niemand Notiz von ihnen zu nehmen. In der Mitte der Halle standen in kleinen Abständen Tische, neben denen große Stapel Kleidung lagen. Die Männer und Frauen, die in der stickigen Luft damit beschäftigt waren, Kleidung zu verpacken, sahen nur auf die Shirts vor sich auf dem Tisch. Weiter hinten an der Wand gab es unterschiedliche Maschinen und rechts davon war ein Lagerbereich. In der oberen Etage der Halle gab es eine große Fensterfront. An einigen der Fenster waren Schreibtische zu sehen. Dort waren also wohl die Büros untergebracht. Marie blieb mit ihrem Blick kurz an einem der Fenster hängen, dort bewegte sich jemand. Eine Frau. Sie starrte zu ihnen hinunter, dann verschwand sie wieder vom Fenster.

»Stehen bleiben!«, rief plötzlich eine durchdringende Männerstimme hinter ihnen und die Menschen, die an den Tischen arbeiteten, blickten überrascht hoch.

Kim zuckte zusammen.

Franzi hielt die Luft an.

Marie reagierte sofort. »Wo sind wir denn hier hingeraten? Hier wird doch unser Geocache nicht versteckt sein, oder?« Sie kramte ihr Handy heraus und schaute auf das Display. »Irgendetwas muss da mit der Karte in der App schiefgelaufen sein!« Während der Mann auf Marie zuschritt und sie auf ihn, lief Franzi seitlich an der Wand entlang wie ein Blitz nach hinten in die Halle. Kim hielt sich erst an Maries Seite, dann stoppte sie an einer Wand mit Aushängen.

Der Mann blieb mit mürrischem Gesichtsausdruck vor Marie stehen, er hatte die Hände in die Hüften gestemmt. »Wer seid ihr und wer hat euch reingelassen?«

»Niemand hat uns reingelassen!«, erklärte Marie. »Wir sind selbst reingekommen, weil die App angezeigt hat, dass hier unser Geocache versteckt ist. Wenn ich mich hier so umsehe, glaube ich aber, dass wir falsch gelandet sind.« Sie klang völlig überzeugt von dem, was sie da sagte.

»Soso«, zischte der Mann. Er trug die gleiche Jacke wie sein Kollege am Eingang. »Das ist ja mal eine interessante Geschichte. Und was soll das sein, ein Geocache?«

Marie hielt ihm ihr Handy-Display hin. »Hier, sehen Sie selbst! Geocaching ist so eine Art Schnitzeljagd mit GPS und es gibt eine App dazu. Jeder kann einen Schatz verstecken und den dann in der Karte markieren. Und hier bei Ihnen war einer markiert. Vielleicht hat sich jemand einen Scherz erlaubt.«
Der Mann sah kurz hin, dann winkte er ab. »Ach, was es da alles für einen Quatsch gibt mit diesen Handys. Früher brauchten wir so etwas nicht, um uns zu beschäftigen. Was mich viel mehr interessiert, ist, wie ihr hier reingekommen seid!«
»Ach so, da vorne stand eine Tür offen und da sind wir durch!«, antwortete Marie.
»Wo da vorne? Ihr musstet doch erst mal durchs Tor!«, sagte der Mann verwirrt.
»Ja, das stand auch offen, als uns die App hierhergeführt hat, da hatten wir wirklich Glück«, sagte Marie beschwingt.
Jetzt fiel dem Mann Kim auf. »Du da«, brummte er, »komm hier rüber. Gibt es noch mehr von euch?«
In diesem Moment erschien Franzi in seinem Sichtfeld. Sie schlenderte so lässig wie möglich auf die anderen zu. »Hier hinten ist auch nichts! Die App muss echt kaputt sein«, rief sie, während sie sich näherte.
Kim erkannte, dass es sie viel Kraft kostete, so entspannt zu wirken. Ihr Gesicht war gerötet vom Sprinten und der Aufregung.
»Das ist doch wirklich nicht zu fassen. Ich rufe jetzt Herrn Berger an«, schimpfte der Wachmann.
»Wer soll denn das sein?«, machte Marie unbeeindruckt weiter. »Wenn wir hier keinen Geocache finden, gehen wir wieder. Ich werde den App-Betreibern den Fehler melden.«

Der Mann vom Security-Dienst kräuselte die Stirn. Er hatte das Telefon schon am Ohr. »Gerade jetzt nimmt er nicht ab«, knurrte er.
»Ja, dann werden wir mal wieder aufbrechen. Wie kommen wir auf dem schnellsten Weg nach draußen?« Marie klang so selbstbewusst, dass Kim und Franzi schwer beeindruckt waren. Ihre Freundin wuchs in ihrer Rolle geradezu über sich hinaus.
Der Sicherheitsmann wirkte unschlüssig, ob er die drei festhalten oder laufen lassen sollte.
Marie sah ihm direkt in die Augen. »Wir würden gerne weitermachen, heute haben wir noch nicht einen Cache, also Schatz, gefunden.«
Der Mann überlegte kurz, dann sagte er: »Okay, da entlang.« Er deutete auf einen hinteren Ausgang der Halle und ließ die Mädchen vorausgehen. Als sie an der Feuerschutztür angekommen waren, überholte er die drei !!!, stieß die Tür auf, ließ die Freundinnen hindurchgehen und folgte ihnen. Sie liefen einmal um die gesamte Halle herum, dabei kamen sie auch an dem auf den Boden gesprühte Logo von Friends for Future vorbei. Nach einigen Minuten standen sie wieder vorne am Eingangstor. Der Sicherheitsmann sprach entrüstet mit seinem Kollegen. »Hier sind diese drei Mädchen durchgekommen, angeblich wollten sie einen Schatz finden, mit GPS.«
»Geocaching?«, sagte der Wachmann vom Tor. »Das habe ich mit meinen Kindern auch schon mal gemacht. Ist eine spaßige Sache, aber hier hatten wir das noch nicht.«
»Du kennst diesen Quatsch? Nun ja, jedenfalls sind sie durchs Tor, ohne dass du es bemerkt hast.« Es klang vorwurfsvoll.

Der Wachmann vom Tor schob seine Brille zurecht. »Komisch, kann eigentlich nicht sein.«
»Siehste ja«, sagte der andere wieder mit fester Stimme, dann gab er seinem Kollegen ein Zeichen, das Tor zu öffnen. »So, jetzt sagt eurem GPS mal, dass es euch nach Hause führen soll«, meinte der Wachmann aus der Halle.
Die beiden Wachmänner standen nebeneinander und sahen zu, wie die drei !!! brav durchs Tor gingen und das Gelände wieder verließen.
»Also, danke trotzdem!«, rief Kim noch, dann schloss sich das Tor wieder und Kim, Franzi und Marie strahlten sich an. Sobald sie außer Hörweite waren, stieß Franzi begeistert hervor: »Ihr seid megatoll, wisst ihr das?«
»Du aber auch!«, sagte Kim.
Marie machte einen Hüpfer. »Wir waren ein klasse Team da drin.« Sie sah auf die Uhr ihres Handys. »Los, lasst uns schnell zur Bushaltestelle laufen! Aber wir werden es wahrscheinlich nicht mehr rechtzeitig bis zum Messeschluss schaffen.«
Auch Kim zückte ihr Telefon. »Ben und Kara haben geschrieben. Sie sitzen noch bei der Zeitung fest und warten auf einen Gesprächspartner. Wir können also erst morgen alles klären. Ben fragt, wie es bei uns gelaufen ist, ich antworte mal eben.« Kim tippte schnell.
Während sie auf den Bus warteten, der in elf Minuten kommen sollte, tauschten sie sich darüber aus, was sie in der Halle erreicht hatten.
»Franzi, konntest du hinten in der Ecke in dem kleinen Lager etwas finden, was uns weiterhilft?«, wollte Kim wissen.

Franzi lächelte geheimnisvoll, holte ein Stück Pappe aus ihrer Hosentasche und hielt es den anderen hin. »Das lag auf dem Boden unter einem der Tische. Ansonsten war der Arbeitsplatz sehr aufgeräumt.«

»Das ist das GOTS-Siegel, das kenne ich!«, sagte Marie.

Kim öffnete eine Seite auf ihrem Handy. »Lasst uns vergleichen, hier, so sieht das echte aus.«

Die drei !!! blickten angestrengt von der Pappe zum Display und wieder zurück.

»Ich sehe da keinen Unterschied! Und ihr?« Franzi sah ihre Freundinnen achselzuckend an.

»Doch, schau mal, da!« Marie zeigte auf den Rand mit der winzig kleinen Schrift. »Hier, auf dem Schild, das du mitgenommen hast, sieht das Logo zwar genauso aus wie das Original, aber an der Schrift ist etwas anders! Der eine Buchstabe ist leicht verändert. Der sieht doch eher aus wie ein s, jedenfalls schlängelt sich der Minibogen da plötzlich noch mal hoch. Und dann steht da nicht Global Organic Textile Standard, sondern ...« Sie kniff die Augen zusammen. »Ist das klein ... Global Organis Textile Standard! Alles in exakt derselben Schriftart.«

»Tatsächlich!«, stimmte Kim zu. »Du hast recht! Organis, wie organised? Das würde ja passen. Echt gut organisiert von Herrn Berger.«

»Hast du auch etwas entdeckt, Kim?«, erkundigte sich Marie.

Kim zückte ein Blatt Papier. »Hier, das hab ich von der Wand abgerissen – das war so eine Mitteilungswand für die Mitarbeiter. Es ist ein Spendenaufruf für den Tierschutz, genauer gesagt für einen Lebenshof.«

»Hat Lisa nicht erzählt, dass Berger an einen Lebenshof gespendet und damit auf seiner Webseite angegeben hat?«, fragte Franzi.
»Ja, genau. Aber anscheinend hat er sich dabei von seinen Mitarbeitern helfen lassen, statt das Geld aus dem Firmenkonto zu nehmen.« Kim rümpfte die Nase.
»Der Mann wird mir immer unsympathischer, wenn das überhaupt möglich ist«, sagte Franzi zähneknirschend. Dann klingelte ihr Telefon. Kim und Marie lauschten, während Franzi mit Lisa sprach, die ganz aufgelöst zu sein schien. Als Franzi aufgelegt hatte, warfen Kim und Marie ihr fragende Blicke zu. »Lisa ist schon zu Hause auf dem Hof, ihre Eltern haben sie angerufen, einige Hühner sind plötzlich krank geworden, der Tierarzt musste kommen.«
»Das tut mir leid.« Kim machte ein betroffenes Gesicht. »Wollen wir vielleicht direkt zu ihr fahren? Ich glaube, wir müssten nur einmal umsteigen.«
»Ja, lasst uns das machen«, stimmte Marie zu. »Da! Der Bus kommt.« Sie stiegen ein und vom Bus aus rief Marie Kommissarin Aslan an, um sie über alles zu informieren, was sie herausgefunden hatten, doch sie nahm nicht ab. Kommissarin Aslan und Kommissar Peters waren schon lange mit den drei !!! bekannt und die wichtigsten Ansprechpartner der Freundinnen, wenn sie polizeiliche Unterstützung brauchten. Marie sprach Frau Aslan auf die Mailbox und bat um einen Rückruf.

Auf dem Lebenshof angekommen, eilten die drei !!! zu Lisa, die am Hühnergehege stand.
»Danke, dass ihr hergekommen seid! Sie waren heute Morgen schon etwas schüchtern, aber da dachte ich mir nichts dabei. Als

Paps mich dann anrief und mir erzählte, dass es ihnen schlecht geht, bin ich etwas früher von der Messe nach Hause gefahren. Jetzt haben sie es endlich in die Freiheit geschafft und nun …« Lisa sah aus, als würde sie gleich weinen.

»Bestimmt wird das wieder. Der Mann da ist doch der Tierarzt, oder?« Franzi deutete auf einen Mann, der zusammen mit Lisas Vater vor dem Stall hockte. Er untersuchte gerade ein Huhn. »Er bekommt das bestimmt wieder hin.«

»Wie alt sind die Hühner eigentlich?«, versuchte Kim Lisa ein wenig abzulenken.

»Sie sind alle so ungefähr 16 Monate alt. Danach werden Legehennen nämlich ersetzt, weil ihre Legeleistung nach einem guten Jahr nachlässt.« Ihre Stimme klang schon wieder etwas fester. Sie sah auf, als der Tierarzt näher kam.

»Doktor Willems, was haben Sie herausgefunden?«, fragte sie bang.

»Erstens mal, dass ihr die Tiere hier gut im Blick habt. Dein Vater hat sehr schnell reagiert. Hühner leiden still und so unauffällig wie möglich, um ihre Rangstellung in der Gruppe nicht zu verlieren«, erklärte der Tierarzt.

»Oje.« Franzi seufzte.

»Diese Hennen haben einen akuten Hühnerschnupfen. Das ist nicht lebensbedrohlich, aber da sie allgemein sehr geschwächt sind, setzt ihnen das ganz schön zu. Wir haben sie jetzt erst mal von den anderen getrennt.« Der Tierarzt klopfte Lisa auf die Schulter. »Ich hab ein gutes Gefühl. Sie haben hier so einen tollen Ort zum Leben gefunden.«

Lisa atmete tief durch. »Danke«, flüsterte sie.

»Und ich habe noch mehr gute Nachrichten. Ich habe dir doch gestern, als ich wegen der Kuh bei euch war, von den Wildkaninchen erzählt, oder?«
»Ja!« Lisa zog hoffnungsvoll die Augenbrauen hoch.
»Sie haben die Vergiftung allesamt überlebt.«
»Yes!« Lisa boxte mit der Faust in die Luft.
»Vergiftete Kaninchen?«, merkte Franzi auf. »Landen auch Wildtiere bei Ihnen?«
»Manchmal schon. Diese hier wurden von Hundebesitzern gefunden und abgegeben. Sie wollten bei den stillgelegten Bahnschienen eine Runde drehen und haben eine größere Gruppe Kaninchen apathisch am Rand sitzen sehen, die nicht weghoppelten, als sie sich mit ihren Hunden näherten. Sonst wäre es vielleicht gar nicht aufgefallen. Also, ein guter Tag für die Tiere! Ich muss dann mal weiter. Ich komme heute Abend noch mal wieder.« Er winkte und entfernte sich.
Franzi riss die Augen auf. »Berger!«, rief sie.
»Berger?«, fragte Lisa. »Wie meinst du das?«
Die drei !!! erzählten Lisa alles, was sie erlebt und erfahren hatten.
»Noch nicht mal die Spende an den anderen Lebenshof kam allein von ihm! Entweder haben seine Mitarbeiter ihr Geld mit dazugegeben, oder es war zumindest nicht mal seine Idee.« Kim überreichte Lisa den Zettel, den sie aus der Fabrikhalle mitgenommen hatte.
Lisa ließ die Schultern hängen. »Wie konnte ich mich nur so täuschen.«
»Da bist du nicht die Einzige, er hat das sehr geschickt angestellt«, tröstete Marie sie.

Detektivtagebuch von Kim Jülich
Donnerstag, 21:21 Uhr

Wieder mal haben die drei !!! bewiesen, was sie draufhaben. Solche Freundinnen und Detektiv-Kolleginnen kann man sich nur wünschen. Wäre Marie nicht so eine Dietrich-Künstlerin, würde ich mit meiner Panik womöglich noch immer in diesem grässlichen kleinen Abstellraum festhängen. Und wäre Franzi nicht so irre sportlich und schnell, hätten wir jetzt nicht das gefälschte Bio-Siegel, einen unserer wichtigsten Beweise. Und wie gut kann Marie eigentlich schauspielern? Jetzt müssen wir morgen nur noch alle Fäden zusammenlegen und Berger überführen!
Leider habe ich das Gefühl, von der Messe gar nicht so viel mitbekommen zu haben. Trotzdem bin ich froh, dass alles so gekommen ist. Denn ohne Messe wären wir Berger nie begegnet, wären ihm nicht auf die Schliche gekommen und er könnte weiterhin schräge Geschäfte machen. Aber morgen ist Schluss damit!

Wer zahlt die Rechnung?

Ungerechtigkeit: globaler Norden und globaler Süden

Auf der nördlichen Hälfte unseres Globus befinden sich die reichen Länder dieser Welt, die wirtschaftlich stark sind wie Deutschland oder Amerika. Das ist der *globale Norden*. Demgegenüber stehen die Länder des *globalen Südens* wie Brasilien oder Indien, die wirtschaftlich noch nicht so stark entwickelt sind und wo die Menschen ärmer sind. Einfach gesagt ist daran ungerecht, dass Länder wie Brasilien oder Kamerun wertvolle Bodenschätze besitzen, also Rohstoffe, die von den reichen Ländern schon seit Jahrzehnten sehr billig gekauft werden. Bei der Beschaffung dieser Rohstoffe werden oft Menschen schlecht behandelt und außerdem die Umwelt und das Klima zerstört. Und es gibt noch eine Ungerechtigkeit: Die Hauptverursacher des Klimawandels sind die reichen Länder, in denen etwa die Hälfte der weltweiten CO_2-Emissionen entstehen. Die armen Länder sind nur für 10 % verantwortlich, aber oft sind sie direkt vom Klimawandel betroffen, weil sie wegen Dürren weniger ernten. Auf der Weltklimakonferenz wird jedes Jahr über Klimagerechtigkeit diskutiert, also auch darüber, wie die Hauptverursacher der Klimagase den Opfern des Klimawandels helfen können.

Powertipp

Weltweit müssen die Politikerinnen und Politiker ganz viele Maßnahmen gegen den Klimawandel und für Klimagerechtigkeit treffen. Und auch du kannst etwas beitragen: mit der Klasse Spenden für Geflüchtete oder für Klimaschutzprojekte sammeln.

Flucht und Klimawandel

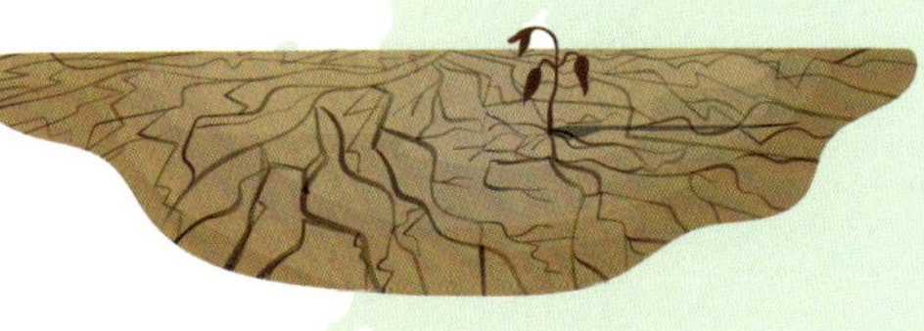

Ungefähr 20 Millionen Menschen müssen jedes Jahr ihr Land verlassen, weil sie vor Umweltkatastrophen wie Überschwemmungen fliehen. Durch den Klimawandel werden viele Regionen der Welt unbewohnbar.

Schon gewusst, dass Weltraumtechnik helfen kann?

Das Deutsche Zentrum für Luft- und Raumfahrt (DLR) hat für Missionen ins All Technologien entwickelt, die bald in Krisengebieten helfen sollen. Es wurden mobile Gewächshäuser konstruiert, die man einfach aufbauen kann und in denen in wenigen Wochen Gemüse wächst. Das soll nun getestet werden, um Menschen nach Flutkatastrophen, in Flüchtlingscamps und Dürregebieten schnell helfen zu können.

Verfolgungsjagd

»Sag mal, hat Frau Aslan eigentlich in der Zwischenzeit zurückgerufen?«, erkundigte sich Kim, als sie ihr Fahrrad an den Ständer vor der Stadthalle anschloss.

»Nein«, antwortete Marie, »ich habe ihr vorhin noch mal auf die Mailbox gesprochen und gesagt, dass es sehr dringend ist.«

»Sie meldet sich hoffentlich bald. Wir konfrontieren Berger trotzdem, oder?«, wollte Franzi wissen.

»Auf jeden Fall«, meinte Marie, »noch vor der großen Preisverleihung.«

So schnell wie an diesem Tag hatten die drei !!! noch an keinem Morgen ihre Fahrräder angeschlossen und waren die Treppen hoch zur Messehalle gelaufen.

Dort trafen sie auf Ben und Kara.

»Wir waren heute schon zwanzig Minuten vor dem Messebeginn hier. Berger war auch schon früh da, er hat der Bürgermeisterin ein Geschenk mitgebracht, das hat sie aber nicht angenommen. Und eben gerade ist Berger wieder gegangen!«

»Wie bitte? Wohin denn?«, wollte Kim wissen.

»Wir haben gehört, dass ihn die Bürgermeisterin gestern dringend sprechen wollte, da kam aber kein Gespräch zustande. Sie und Herr Müller haben dann beschlossen, ihn heute abzufangen, und das haben sie getan! Die Bürgermeisterin hat Berger zur Rede gestellt, und dann meinte er plötzlich, er hätte einen ganz dringenden Termin, sie müsse sich aber keine Sorgen machen. Er sei auf jeden Fall noch vor dem Messeabschluss zurück.« Kara hatte so schnell geredet, dass sie jetzt richtig atemlos war.

Die drei !!! sahen sich an. »Los, hinterher!«, rief Kim.

Die Freundinnen teilten sich vor der Halle auf. Kim und Franzi liefen nach rechts, Marie nach links.

»Wer ihn zuerst findet, ruft an!«, rief Kim noch.

»Schnell die Treppen runter, er hat ja sowieso schon einen kleinen Vorsprung!«, rief Franzi Kim zu, die nur stumm nickte.

Sie flitzten die Treppenstufen hinunter und traten durch einen Seitenausgang auf der parkplatzabgewandten Seite der Stadthalle ins Freie.

Marie sah sich beim Laufen immer wieder um, falls Berger irgendwo hier auftauchte. Plötzlich entdeckte sie eine Frau, die mit schnellem Schritt auf den Messehalleneingang zulief. Marie hatte diese Frau schon einmal gesehen, und zwar gestern, im Büro der *FairAngelFashion*-Halle. Sie sah Kara ähnlich und deshalb war Marie schon gestern davon ausgegangen, dass es ihre Mutter sein musste. Bei allem, was passiert war, war das jedoch irgendwie untergegangen. Marie hatte noch vom Bus aus Kara angeschrieben, um sie zu bitten, ihrer Mutter zu erzählen, dass sie mit Kim und Franzi in der Halle gewesen war. Und überhaupt von ihrem Vorhaben, Bergers Machenschaften offenzulegen.

Marie wechselte augenblicklich die Richtung und lief zurück zur Halle.

»Frau Michelsen?«, rief Marie der Frau zu.

Sie wandte den Kopf zur Seite. »Ja?«

»Guten Tag, ich bin Marie Grevenbroich. Ich glaube, Kara hat ihnen von mir und meinen beiden Freundinnen erzählt. Sie haben uns gestern gesehen, unten in der Halle von *FairAngelFashion*«, sagte Marie atemlos.

Frau Michelsen sah Marie ernst an. »Ja, das stimmt. Als Kara mir dann alles erzählt hat, von ihrem und eurem Vorhaben, da war mir klar, was ich zu tun habe. Ich leide einfach schon zu lange und jetzt ist Schluss. Ihr habt mich mit eurem Mut angesteckt. Danke!«

Maries Handy klingelte. Sie sah auf das Display. »Oh, da muss ich mal rangehen, einen Moment!«

»Klar, kein Problem. Wir sehen uns dann an Karas Stand.« Frau Michelsen zeigte in Richtung des Eingangs.

»Okay, bis gleich!« Marie winkte kurz, dann nahm sie den Anruf entgegen. »Frau Aslan, ah, wie gut, dass Sie zurückrufen. Ich habe Ihnen ein paar spannende Dinge zu erzählen. Es geht um Bernhard Berger und seine Firma *FairAngelFashion*.«

Weder Berger noch Marie waren zu sehen, als Kim und Franzi unten vor der Stadthalle kurz verschnauften.

»Wir kennen den Haupt- und den Seiteneingang, aber dieser hier muss auf der Rückseite der Halle liegen«, mutmaßte Franzi.

»Mein Gefühl sagt mir, dass er vorne rumgelaufen ist, zu seinem Auto«, ließ Kim Franzi wissen.

»Ja, das könnte stimmen, schnell, lass uns nachsehen, bevor er davonfährt!«

Doch Bergers Auto stand unberührt auf dem Parkplatz. »Mist, wo ist er hin?« Kim wanderte mit ihrem Blick zur großen Straße zwischen Parkplatz und Park. »Da vorne am Taxistand! Da ist er!

Wollte wohl so wenig wie möglich Aufsehen erregen und lässt sein Auto deshalb vorsichtshalber stehen.«

Franzi knuffte Kim und deutete auf einen Stand mit E-Rollern in der Nähe. »Schnell, wir hängen uns mit denen an ihn dran!«

Kim zögerte kurz, dann gab sie sich einen Ruck. »Na gut.«

Die beiden liefen auf die Roller zu. »Von diesem Anbieter habe ich die App installiert, die dürfen wir schon fahren.« Franzi scannte mit ihrem Handy den QR-Code auf dem Roller, der nun grün leuchtete, und schob den Roller zu Kim, dann hielt sie ihr Handy an den nächsten Roller, bis auch dieser grün aufleuchtete.

»Berger steigt in ein Taxi!«, rief Kim und fuhr los. »Hui, ist der schnell!« Sie lenkte ein wenig zu hastig und wäre durch den unerwartet starken Ruck fast vom Roller geflogen.

Franzi überholte sie. »Na, ein Glück, dass diese E-Roller hier standen. Die sind zwar nicht so schnell wie normale Roller, aber es reicht für uns, sonst würde uns Berger sofort entkommen. Du musst einfach nur ruhig lenken.«

Die beiden folgten dem Taxi durch die Stadt. Einmal dachten sie schon, sie hätten es verloren, doch dann sprang die Ampel auf Rot und sie konnten Berger wieder einholen.

Vor einem Backsteinhaus in einer Seitenstraße blieb das Taxi stehen. Kim und Franzi stiegen in einigem Abstand von ihren Rollern und warteten neben einer Hecke. Herr Berger eilte zur Haustür und klingelte.

»Jetzt bin ich aber gespannt, wen wir da gleich sehen!«, flüsterte Kim und kramte nach ihrem Handy. »Ich schreibe schnell Marie, dass wir Berger beschatten, sonst wundert sie sich, wo wir die ganze Zeit stecken.«

Franzi reckte ihren Kopf in Richtung der Haustür. Ein Mann in hellblauem Hemd und mit braunen, zurückgegelten Haaren öffnete die Tür und sah Berger erstaunt an. Der redete sofort aufgeregt auf ihn ein, was Kim und Franzi jedoch nur an seiner Körpersprache erkennen konnten. Um genau zu hören, was Herr Berger dem Mann erzählte, waren sie zu weit weg.

»Ob das dieser Andreas Hövelmann von *NewFashionStyles* aus dem Zeitungsartikel ist? Lass uns ein bisschen näher rangehen!«, schlug Franzi vor, doch in dem Moment verschwand der Mann kurz aus dem Sichtfeld der Mädchen. Als er wieder auftauchte, schloss er die Tür hinter sich und folgte Herrn Berger zum Taxi, das noch immer vor dem Haus wartete.

Kim und Franzi drehten sich schnell um und taten so, als würden sie gerade etwas auf ihren Handys ansehen, damit Berger sie nicht erkannte, bevor sie die Verfolgungsjagd wieder aufnahmen.

»Ich glaube, wir fahren zurück zur Stadthalle!«, rief Franzi von ihrem Roller zu Kim herüber. Kim kam ein weiteres Mal ins Schlenkern, sofort lockerte sie ihren Daumen und nahm somit etwas Geschwindigkeit raus. Wieder gelang es ihnen, sich nicht abschütteln zu lassen.

Berger und der Mann, den er höchstpersönlich abgeholt hatte, fuhren vor der Stadthalle vor und stiegen aus. Berger sah sich angespannt nach allen Seiten um, dann ging er mit festem Schritt auf die Eingangstür zu.

»Das muss jemand anderes sein. Er würde doch nicht den Fast-Fashion-Typen mit zur Umweltmesse bringen«, zweifelte Kim und parkte zusammen mit Franzi den Roller wieder dort, wo ihre Fahrt begonnen hatte. Dann eilten sie in die Messehalle.

Das Erste, was sie in der Halle sahen, war Marie. Neben ihr stand eine Frau, die mit Kara diskutierte.
»Wir sind wieder da, Marie!«, rief Kim ihrer Freundin entgegen.
»Du glaubst nicht, was wir erlebt haben!«, fügte Franzi hinzu.
Doch die drei Detektivinnen kamen nicht dazu, sich in Ruhe auszutauschen, denn plötzlich standen Berger und der Mann mit den braunen Haaren vor ihnen. Die Frau neben Kara sah auf. Berger schnaufte so laut, dass er ein bisschen wie Franzis Pony Tinka klang, wenn es aufgeregt war.
»Was machen Sie hier?«, fauchte Berger die Frau an.
»Ich besuche meine Tochter, die einen Stand auf der Umweltmesse hat«, erwiderte sie, dabei betonte sie das Wort »Umwelt« ganz besonders.
Herr Müller näherte sich und stellte sich demonstrativ neben Bernhard Berger.
»Und außerdem bin ich hier«, fuhr Karas Mutter fort, »um etwas aufzuklären.« Man merkte ihr an, dass sie all ihren Mut zusammennehmen musste, denn ihre Stimme zitterte ein wenig.
»Sie sollten eigentlich in Ihrem Büro sitzen, wo Sie hingehören!«, schrie Berger und sein Gesicht färbte sich tomatenrot.
Auf einen Schlag waren sie von Presseleuten umringt, die von den lauten Stimmen angezogen wurden. Auch Ben näherte sich. Karas Mutter zupfte nervös an ihrem Pullover, es gelang ihr jedoch, weiterzusprechen. »Also, ich bin Sophia Michelsen und arbeite bei *FairAngelFashion* in der Buchhaltung. Und alle Rechnungen gehen über meinen Tisch.«
Spätestens jetzt hatte Karas Mutter die volle Aufmerksamkeit aller Umstehenden.

Neue Wege im Verkehr

Umweltbelastungen durch den Straßenverkehr

Es stinkt und ist laut: Der Straßenverkehr macht knapp 20 % der gesamten Klimagasemissionen Deutschlands aus: ca. 160 Millionen Tonnen CO_2! Es gibt mehr als 40 Millionen Autos in Deutschland, die im Jahr 1,4 Millionen km Stau verursachen. Die Abgase aus den Verbrennermotoren verschmutzen die Luft und können zu Erkrankungen führen. Zudem gefährden Ortsumgehungsstraßen und Autobahnen die Natur und bedrohte Arten, die dort leben.

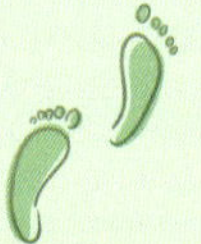

Powertipps

- Reise mit dem Zug oder mit Reisebussen.
- Wenn es gar nicht anders als mit dem Flugzeug geht: lieber Direktflüge buchen, denn Start und Landung eines Flugzeugs verbrauchen das meiste Kerosin.
- Je leichter dein Koffer, desto weniger Treibstoff wird gebraucht.

Schon gewusst …

… dass ein E-Auto im Gegensatz zu einem Verbrennermotor nur ein Sechstel an Energie verbraucht und auch nur halb so viel wie ein Wasserstoffauto?

Wie bewegen wir uns in Zukunft?

Es gibt viele Forschungen, wie der Straßenverkehr optimiert werden kann: Ampeln sollen nicht regelmäßig auf Grün oder Rot schalten, sondern so, wie es der Verkehr braucht. Das reduziert Wartezeiten und den Spritverbrauch. Auch elektrische Fahrzeuge sind ein Weg und vor allem muss der Schienenverkehr weiter ausgebaut werden. Bahnfahren ist klimaschonend, egal ob Menschen oder Güter transportiert werden. Dahingegen sollte der Flugverkehr eingeschränkt werden, auf Inlandsflüge zum Beispiel könnte man ganz verzichten.

Geständnisse

»Und in dieser Firma wird so einiges schöngerechnet«, fuhr Frau Michelsen fort.

»Wie können Sie es wagen?«, brüllte Berger und die Presse rückte noch näher heran. Ein Mann mit Presseausweis schaltete ein kleines Aufnahmegerät ein.

»Unsere Arbeitsbedingungen sind alles andere als optimal, und da rede ich nur vom Büro. Auch sind unbezahlte Überstunden an der Tagesordnung, wenn man seinen Job behalten will. Aber nach außen wird das verschleiert.«

»Alles erfunden!« Bergers Stimme klang mittlerweile heiser.

»Die Abluftanlagen in den Hallen sind schon lange nicht mehr gewartet worden und deshalb ein gesundheitliches Risiko für die Mitarbeitenden. Berger spart, wo er nur kann, was seine Mitarbeiter angeht. Viele klagen nach spätestens der Hälfte ihrer Schicht über Kopfschmerzen. Und von wegen Nachhaltigkeit. Auf dem Gelände stehen überall Scheinwerfer, die dauerhaft leuchten, um die Firmenschilder schön in Szene zu setzen. Und um zu übertünchen, was im Inneren der Firma vor sich geht. Sie sind in der bestehenden Form absolut unnötig. Und das Schlimmste ist …«

Doch weiter kam sie nicht, denn Berger hatte dem Mann, den er abgeholt hatte, mit dem Ellbogen in die Rippen gestoßen. Der sprudelte hastig hervor: »Rede nicht weiter, Sophia, du redest dich um Kopf und Kragen.«

»Markus, lass mich«, wehrte Karas Mutter ab. »Ich frage mich, was du hier machst, wo du doch heute aus wichtigen privaten Gründen freigenommen hast. Lässt du es zu, dass Bernhard Berger einfach so darüber hinweg bestimmt?«

Eine Pressefrau wandte sich an sie. »Wer ist dieser Mann?«

»Das ist Markus Natterer, Jurist und Herrn Bergers rechte Hand in der Geschäftsführung. Und somit mein Kollege. Das sind wir doch, Kollegen, oder, Markus? Und manchmal tauschen wir uns auch über Bernhard Berger aus«, erklärte Frau Michelsen.

Markus Natterer sah betreten zu Boden.

»Markus, was soll das heißen, ihr tauscht euch über mich aus?«, wollte Herr Berger wissen. »Wie kannst du es wagen!«

Markus hielt kurz inne, dann richtete er sich steif auf.

»Sophia, hör auf, Lügen zu erzählen. Wäre doch peinlich, wenn das alles über dich in der Zeitung erscheint«, sagte er wenig überzeugend.

Zwei Presseleute schrieben, so schnell sie konnten, alles mit. Die drei !!! lauschten staunend dem Geschehen.

Karas Mutter hob den Kopf. »Über mich wird gar nichts in der Zeitung erscheinen, sondern über dich und Bernhard Berger und natürlich über *FairAngelFashion*!«

»Hier steht Aussage gegen Aussage!«, rief Berger dazwischen. »Ich kann zu jedem einzelnen Punkt etwas sagen! Zum Beispiel zu den Arbeitsbedingungen. Das eine ist ja das, was hier vor Ort geschieht, darauf habe ich direkten Einfluss und achte darauf, dass es meinen Mitarbeitern und Mitarbeiterinnen gut geht.«

Frau Michelsen räusperte sich übertrieben laut, aber Berger ließ sich davon nicht beirren. »Was die Lieferanten angeht, mit denen wir zusammenarbeiten, mit denen haben wir Verträge gemacht, in denen explizit die Verpflichtung zu guten Arbeitsbedingungen festgehalten wurde. Wie die das dann dort umsetzen, wo sie beheimatet sind, darauf haben wir keinen Zugriff, selbst wenn wir wollten – wir sind ja nicht ständig vor Ort.«

»Diese einstudierten Aussagen werden Sie hier nicht weiterbringen, Herr Berger.« Karas Mutter wandte sich von Herrn Berger ab und ihrem Kollegen zu. »Willst du wirklich so mit dieser Sache umgehen? Wir haben uns oft genug darüber unterhalten, wie schlecht es dir mit all dem geht. Und schließlich hast du auch Kinder, die sicher nicht gerade erfreut wären, wenn du diese Machenschaften jetzt noch weiter deckst!«, sagte sie.

Markus Natterer schluckte und seine Augen weiteten sich.

Er drehte seinen Kopf wie in Zeitlupe zu Bernhard Berger und man sah, dass es ihn Kraft kostete. »Bernhard, ich kann das nicht. Ich weiß, was für eine große Summe du mir als Schweigegeld geboten hast, und ich weiß auch, dass ich meinen, zugegeben, sehr gut bezahlten Job verlieren werde. Aber ich will weiterhin in den Spiegel schauen können und auch meinen Kindern in die Augen – und zwar ohne diese Schuld. Ich decke deine Lügen nicht mehr. Du hast mich abgeholt, um das zu entkräften, was Sophias Tochter der Bürgermeisterin und Herrn Müller erzählt hat. Du hast mir nicht erzählt, dass Sophia auch da ist, aber es hat mich wachgerüttelt.« Er atmete tief ein und aus und wandte sich an Herrn Müller. »Alles, was Sophia sagt, stimmt! Und das, was sie bisher erzählt hat, ist erst der Anfang.«

Herr Berger wurde schlagartig blass. Er wollte etwas sagen, doch es schien, als wäre seine Kehle wie zugeschnürt.

»Du hast auch eine Tochter. Wegen deiner Geschäfte habt ihr seit Jahren keinen Kontakt mehr«, sagte Herr Natterer zu Berger.
Bernhard Berger sah einige Momente lang tieftraurig aus.
Unter den Presseleuten entstand ein Gemurmel.
»Ja, das stimmt, Markus, das war erst der Anfang«, sprach Karas Mutters weiter. »Denn es geht hier auch um gefälschte Biosiegel. Die verwendete Baumwolle ist alles andere als giftfrei gewonnen. Außerdem handelt Herr Berger mit Firmen zusammen, die Menschenrechte mit Füßen treten. Es besteht eine geheime Zusammenarbeit mit der Fast-Fashion-Firma NFS – *NewFashionStyles.*«
»Alles gelogen«, hauchte Berger matt.
»Leider nicht. Es gab darüber auch schon Zeitungsartikel«, Karas Mutter wandte sich zu den Presseleuten, »doch da hieß die Firma noch anders. Sie hat in letzter Zeit sehr oft ihren Namen gewechselt. Besonders in der Fast-Fashion-Textilbranche werden Menschenrechte missachtet. Die Arbeitsbedingungen sind miserabel. Hungerlöhne, fehlende soziale Absicherung, mangelnde Sicherheitsstandards und Diskriminierung sind an der Tagesordnung.«
»Hier ist der Beweis für die gefälschten Biosiegel!« Marie hielt das Pappschild aus Bergers Firma in die Höhe.
Die Bürgermeisterin, die mittlerweile mitten in der Menge stand, sah Marie an und hielt einen Daumen in die Höhe.
Marie richtete sich auf. »Ein winzig kleiner Teil eines Buchstabens ist verändert. Es sieht aus wie das GOTS-Siegel, ist aber eine Fälschung.«
Berger riss seinen Kopf hoch, heftete seinen Blick auf die drei !!! und verengte seine Augen zu Schlitzen.

Die Bürgermeisterin schwenkte einen Stapel Fotos. »Wir haben zusätzlich auch noch Fotobeweise. Bernhard Berger, mir fehlen die Worte. Sie haben behauptet, dass Sie für Umweltschutz stehen«, meldete sie sich zu Wort.
Mittlerweile schienen fast alle Messeteilnehmer näher gerückt zu sein, um mitzubekommen, was los war.
»Sie betreiben Greenwashing im großen Stil und wir haben Sie auch noch als Sponsor für diese Messe gewählt«, fuhr die Bürgermeisterin fort. »Obwohl, eigentlich haben Sie sich ja förmlich aufgedrängt. Damit das klar ist – die Bauvorhaben zur Erweiterung Ihres Geländes, denen ich nach Prüfung zustimmen wollte, können Sie unter diesen Umständen selbstverständlich vergessen. Denn auch da hat es noch ein paar Erkenntnisse gegeben.« Sie nickte Franzi zu.
»Ich habe Herrn Berger dabei beobachtet, wie er an den stillgelegten Bahnschienen Gift verschüttet hat. Wohl um zu testen, wie er dort die Natur lahmlegen kann, um seinem Ziel, dort zu bauen, so schnell wie möglich näher zu kommen«, erklärte Franzi.
Lisa trat vor. »Und fast wäre dabei eine größere Gruppe von Wildkaninchen gestorben! Ich habe Ihre Kleidung gerne getragen«, sagte sie an Berger gewandt, »jedenfalls die Stücke aus der Linie, die wirklich noch bio war. Dabei hätten Sie bleiben sollen!« Lisa war derart sauer, dass sie fast schrie.
Eine Frau näherte sich der Gruppe. Sie nickte den drei !!! zu, dann legte sie Bernhard Berger eine Hand auf die Schulter und wies zu einem ruhigeren Bereich am Rand des Saales. »Kommissarin Aslan, guten Tag, Herr Berger. Wir müssen uns dringend in Ruhe unterhalten.«

Die Menge löste sich nach und nach auf und die Menschen verteilten sich wieder in der Halle. Nur die drei Detektivinnen, Herr Müller, Kara, Ben, Lisa und ihre Mutter blieben zurück.
»Danke noch mal, dass Sie bereit waren, das alles aufzuklären, Frau Michelsen«, sagte Marie.
»Nennt mich Sophia. Ich bin dir dankbar, Kara, dass du mich überredet hast. Und dass du noch vor mir diesen Mut hattest, mein Schatz!« Sophia legte Kara einen Arm um die Schulter.
»Ich habe ja gemerkt, dass es dir einfach immer schlechter ging, Mama. Mir war klar, dass dringend etwas passieren musste.« Kara strahlte ihre Mutter an. »Ich bin jetzt so erleichtert.«
»Und ich erst.« Sophia lächelte Kim, Franzi und Marie an.
»Wie wäre es mit einem veganen Snack, Mama? Da haben wir nach der Sabotage sogar mitgebacken. Die schmecken so gut, da könnte man den ganzen Stand auffuttern. Mittlerweile ist wahrscheinlich nicht mehr viel übrig, also sollten wir uns besser beeilen!« Kara hielt ihrer Mutter eine Hand hin.
»Da sag ich nicht Nein! Ich könnte gut eine kleine Stärkung gebrauchen«, stimmte diese zu.
Die beiden zogen los und auch Herr Müller sah zum ersten Mal seit Messebeginn durch und durch entspannt aus.
»Wo habt ihr Berger eigentlich aufgegabelt?«, erkundigte sich Marie bei Kim und Franzi.
»Das würde ich auch gerne wissen«, warf Herr Müller ein.
»Wir sind ihm bis zum Haus von Herrn Natterer gefolgt. Herr Berger hatte sich ein Taxi genommen«, erzählte Kim.
»Seid ihr Athletinnen oder wie konntet ihr dranbleiben?« Herr Müller machte große Augen.

»Wir haben E-Roller genommen.« Franzi grinste.
»Dann habt ihr drei zusammen den Fall wirklich gelöst. Nein, eigentlich gleich zwei Fälle! Das ist einfach großartig. Ich danke euch sehr. Natürlich werde ich euch weiterempfehlen!« Herr Müller strahlte von einem Ohr zum anderen.

Auf dem Weg zur Bühne, wo der große Messeabschluss stattfinden sollte, hörten die drei !!! eine Frau über die Rezepte des veganen Cafés sprechen. Sie hatte sich mehrere Rezepte rausgesucht und wollte sie nachbacken, da sie nun wisse, was sie statt Ei und Butter in den Kuchen mischen konnte.
Franzi lächelte zufrieden. »Ich glaube, dass jeder Stand auf seine Weise jemanden beeindruckt und inspiriert hat.«
»Das glaube ich auch. Und gleich erfahren wir, wie die Jury entschieden hat!« Kims Augen blitzten.
Die Plätze im Publikum waren schon gut gefüllt. Auf die Bühne traten jetzt die Jurymitglieder, angeführt von der Bürgermeisterin, es folgte ein Mann, der ein T-Shirt mit einem aufgedruckten Storch trug, Ben und Chrissie, sowie eine Gruppe Männer und Frauen.
Herr Müller sprintete ebenfalls die Stufen hoch, begrüßte die Jurymitglieder und griff zum Mikrofon. »Liebe Schülerinnen und Schüler, liebe Lehrer und Lehrerinnen, liebe Gäste und Pressemitglieder, ich freue mich, Ihnen die Jury vorzustellen!«
Es wurde begeistert geklatscht.
»Zur Jury gehören die Bürgermeisterin, Herr Meier vom Naturschutzverbund der Stadt, die Direktoren und Direktorinnen aller teilnehmenden Schulen und zwei Mitglieder von Friends for Future, Ben und Chrissie!«

Die Angesprochenen winkten nacheinander und wieder brandete Applaus auf.
»Sie haben ausführlich getagt, um sich zu einigen, wer als Sieger oder Siegerin der diesjährigen Umweltmesse hervorgehen soll.« Herr Müller überreichte der Bürgermeisterin das Mikrofon.
Sie blickte durch die Reihen aufgeregter Schülerinnen und Schüler. »Es ist uns wirklich nicht leichtgefallen, denn jedes vorgestellte Projekt ist auf seine Weise bereichernd und wertvoll. Letztendlich mussten wir uns aber entscheiden!« Sie holte ein kleines Fläschchen aus ihrer Tasche und hielt es in die Luft. Kara, die neben Kim, Franzi und Marie saß, bekam große Augen.
»Hier drin ist ein Pusteblumenschirmchen und auf dem Glas steht: Wünsch dir was. Ich wünsche mir, dass wir noch die Kurve kriegen, was unsere Umwelt angeht. Dass wir alle aufeinander achten und respektvoll miteinander umgehen. Und mit *wir* meine ich sowohl Menschen als auch Tiere und Pflanzen.« Sie lächelte breit ins Publikum. »Gewonnen hat Kara Michelsen mit ihrem Projekt *Pflanzen sind Freunde*!«
Ein tosender Applaus ging durch die Menge. Kara wusste gar nicht, wie ihr geschah.
»Bitte komm zu uns auf die Bühne!«, sagte die Bürgermeisterin. Als Kara neben ihr stand, sah man, dass ihre Augen glänzten. »Ich kann es kaum glauben!«, hauchte sie. Die Jurymitglieder schüttelten Kara die Hand.
»Wir sind gespannt, wie es dir auf dem Forscherschiff gefallen wird!«, sagte Ben und umarmte sie.
Die Bürgermeisterin sprach weiter: »Und jetzt zur Zweitplatzierung! Der Gewinn ist eine Geldsumme, um das eigene Projekt

weiter voranzubringen. Hier sind wir nach dem Hauptkriterium gegangen, welches Projekt zum jetzigen Zeitpunkt bereits am konkretesten ausgearbeitet ist und wo das Geld sofort Gutes tun kann. Der Preis geht an Lisa mit ihrem Projekt *Lebenshof für Tiere aus der Massentierhaltung*!«

Herr Müller hielt einen überdimensional großen Scheck hoch, auf dem in dicker Schrift *1000 Euro* geschrieben stand. »Lisa, auch du komm bitte zu uns auf die Bühne.«

Es dauerte einen Moment, bis Lisa sich in Bewegung setzte. Als sie auf der Bühne stand, atmete sie tief durch. »Also, alles, was ich gerade sagen kann, ist: danke!«, sprach sie ins Mikrofon, dass ihr die Bürgermeisterin vor die Nase hielt.

Kim, Franzi und Marie klatschten wie verrückt und jubelten laut. Sie freuten sich riesig für ihre Freundin.

Nach der Preisverleihung schlenderten die drei !!! zum Regenwaldraum, wo die Friends bereits mit dem Abbau begannen.

Ben kam ihnen entgegen. »Das war echt der Hammer! Wie Berger sogar noch in der Situation versucht hat, alles schönzureden! Ich hab ja von Anfang an gesagt, dass mit dem Typen gewaltig was nicht stimmt.« Ben legte einen Arm um Kara. Kara sah aus, als würde sie gleich vor Glück platzen.

Franzi winkte ihrer Schwester zu, die zusammen mit Paul ein Banner abnahm.

Ben sah zu ihm rüber. »Paul ist noch immer etwas geknickt, dass sein Projekt nicht mitbewertet wurde. Klar, er weiß, dass er selbst schuld ist, aber trotzdem. Na ja, es braucht noch ein Weilchen, bis er das verdaut hat«, redete Ben weiter. »Er hat sich aber gleichzeitig gefreut, dass Kara gewonnen hat. Und dass Lisa das Geld für ihren Hof bekommt. Aber mein Bruder wäre eben so gerne mit auf die Forschungsreise gefahren.«

»Ben, kommst du mal?«, rief Chrissie.

»Ich muss weitermachen. Sehen wir uns später noch mal?«

»Na klar!« Die drei !!! klatschten mit Ben ab.

Kim, Franzi und Marie gingen zum Abbau zu ihren Ständen, um alles wieder zu verstauen und einzupacken. Von Herrn Berger war keine Spur zu sehen, sicher hatte er Kommissarin Aslan aufs Revier begleiten müssen. Auch Markus Natterer und Karas Mutter mussten Aussagen machen.

»Ich bin gespannt, was Ma nachher erzählt. Ich hoffe, es läuft alles gut«, sagte Kara, als die drei !!! sich nach dem Messeende mit Ben, Paul, Emma, Zoe und Lisa vor der Stadthalle trafen. »Vor einigen Wochen habe ich mich mit meiner Mutter ständig gestritten, weil mir die Decke auf den Kopf fiel und sie so wenig Zeit für mich hatte. Ich fand irgendwie alles langweilig. Aber so aufregend wie in den letzten Tagen hätte es nun auch wieder nicht werden müssen. Eigentlich hatte sich das mit dem langweilig nämlich schon längst wieder erledigt.« Sie warf Ben einen verliebten Blick zu und seine Wangen färbten sich rosa.

»Wie wäre es, wenn wir uns alle morgen im *Café Lomo* treffen?«, fragte Kim in die Runde.

»Gute Idee, ich bin dabei!«, rief Ben.

»Ich auch. Endlich Wochenende«, meinte Paul und in seiner Stimme lag trotz Freude ein wenig Wehmut.

Und was macht die Industrie?

Was ist Greenwashing?

Leider gibt es viele Unternehmen, die sich »grün waschen«, sich also nach außen viel umweltfreundlicher geben, als sie es in Wirklichkeit sind. Firmen aus den Bereichen Mode, Lebensmittel und Technik behaupten zum Beispiel, dass ihr Produkt nachhaltig hergestellt wird, damit ihre Produkte gekauft werden. Nachhaltig bedeutet, dass nur so viele Rohstoffe verwendet werden, wie auch nachwachsen können. Als Kunde hast du dann das Gefühl, etwas Gutes zu tun. Aber oft muss man genauer hinschauen. *Nachhaltig* ist nämlich ein neues Modewort und eine grüne Verpackung oder ein Bild von einer glücklichen Kuh sagen noch nicht viel aus.

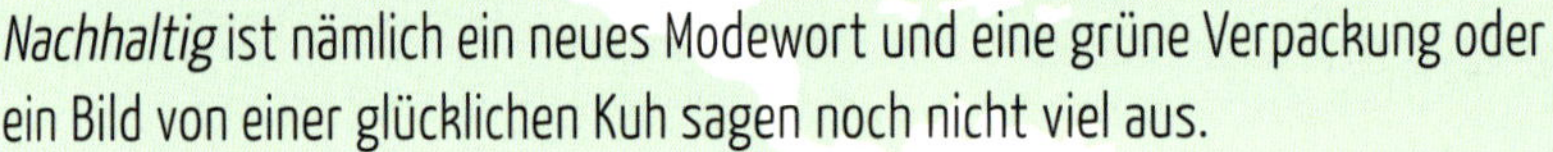

Schon gewusst, was bio bedeutet?

Das Bio-Siegel garantiert, dass ein Betrieb verschiedene Regeln bei der Herstellung seiner Produkte oder der Haltung seiner Tiere erfüllen muss. Auf Biohöfen haben Tiere mehr Platz und werden artgerechter gehalten. Pflanzen werden zwar gedüngt und auch mit Pflanzenschutzmitteln behandelt, allerdings dürfen dafür nur natürliche Stoffe verwendet werden.

Powertipps

- Greenwashing wird häufig durch Beschreibungen wie »möglichst fair«, »mit Liebe zum Tier« oder »natürliche Zutaten« betrieben. Solche Begriffe sind nicht geschützt und dürfen frei verwendet werden.
- Achte bei Produkten auf Siegel wie den *Blauen Engel* oder das *EU-Bio-Siegel*.
- Wenn du dir unsicher bist, kannst du dich zu verschiedenen Firmen und Marken auch bei Foodwatch, Verbraucherzentralen oder bei der Deutschen Umwelthilfe informieren.

CO_2-Ausgleich

Manchmal liest du auf Verpackungen das Wort *klimaneutral*, was bedeutet, dass die Herstellung eines Produktes keine schädlichen Klimagase verursacht. Ein Produkt komplett klimaneutral herzustellen, ist allerdings beinahe unmöglich. Aus diesem Grund suchen sich viele Firmen einen anderen Weg aus: Um das CO_2 auszugleichen, das durch ihre Produktion ausgestoßen wird, spenden sie an Klimaschutzorganisationen, die zum Beispiel Bäume pflanzen. Kritisiert wird daran, dass die Firmen sich so aus der Verantwortung freikaufen. Anstatt ihre Produktionsabläufe zu verbessern, wird ein einfacher Ausweg genommen. Außerdem ist es mit dem Anpflanzen von Bäumen noch lange nicht getan: Bis sie eine Größe erreicht haben, die genug CO_2 binden kann, brauchen sie viel Zeit und Pflege.

Neue Chancen

Detektivtagebuch von Kim Jülich
Samstag, 8:22 Uhr

Gestern Abend war ich einfach zu müde, um noch Tagebuch zu schreiben. Jetzt muss ich dringend noch einiges festhalten.

Wir sind doch tatsächlich einem Greenwashing-Skandal auf die Schliche gekommen. Wer hätte das gedacht, als wir uns in die Aufklärung der Sabotage gestürzt haben. Am Anfang habe ich nicht geglaubt, dass Berger zu so etwas fähig sein würde. Er hat die Umweltmesse nur gesponsert, um sich auf diese Weise in ein gutes Licht zu rücken und bei der Bürgermeisterin gut dazustehen. Fast hätte er es geschafft, alle zu täuschen, wäre Kara nicht gewesen. Sie war so mutig und hat während ihres Praktikums alles fotografisch festgehalten. Und dass wir uns dann auch noch auf das Gelände und in die Halle gewagt haben ... Das werde ich so schnell nicht vergessen. Ebenso wenig wie die Verfolgungsjagd mit den E-Rollern. Die sind verflixt schnell! Ich freue mich, dass wir den Fall lösen konnten. Herr Müller war äußerst zufrieden mit unserer Arbeit und mit dem Ergebnis der Messe. Vielleicht sollte Franzi sich mit ihrer Renaturierungsidee trotzdem noch mal an die Bürgermeisterin wenden. Wäre doch toll, wenn man das im ganz großen Stil aufziehen könnte!

Geheimes Tagebuch von Kim Jülich
Samstag, 8:40 Uhr

► Geheim heißt geheim! Wer also dennoch weiterliest, muss ab jetzt für immer den Ohrwurm vom Earth Song der Schulband mit sich rumtragen! ◄

Ich gebe zu – im ersten Moment war ich ein wenig traurig, dass meine bunten Upcycling-Prachtstücke nicht gewonnen haben. Es ist aber genau so, wie die Bürgermeisterin sagte – jedes Projekt hätte auf seine Weise einen Preis verdient. Und für Kara habe ich mich ganz besonders gefreut nach all dem Stress, den sie durchgestanden hat. Und dass das Geld in den Lebenshof Weideglück fließt, ist großartig. Nun steht eines der Schränkchen in meinem Zimmer und ich überlege noch, was ich in den kleinen Fächern unterbringen werde. Ich finde es cool, dass alle, die teilgenommen haben, einen Büchergutschein bekommen haben. Franzi und Marie schenke ich jeweils ein Schränkchen und die restlichen werde ich verkaufen. Das Geld kann ich an eine Naturschutzorganisation spenden.
Besonders leid tut es mir irgendwie für Paul. Ich kann verstehen, dass er enttäuscht ist. Gut war aber, dass Emma ihm nicht lange böse war, weil er auch ihr Projekt sabotiert hatte. Ich habe mitbekommen, wie sie ihn ganz am Ende der Messe umarmt hat. Richtig süß ist, wie Ben gestrahlt hat, immer, wenn er ins Karas Nähe war oder er über sie gesprochen hat. Ich finde, die beiden passen total gut zusammen. Ich freue mich, nachher alle noch mal zu treffen.

Kim, Franzi, Marie, Ben, Kara, Paul, Lisa, Zoe und Emma ließen sich am Nachmittag in der Sofaecke des *Café Lomo* nieder und bestellten sich alle einen *Kakao Spezial.*

»Ich habe ganz unruhig geschlafen!«, ließ Kara die anderen wissen. »Beim Einschlafen musste ich an alles denken, was passiert ist. An das Tolle und das nicht so Schöne. An meine Mutter, die jetzt eine neue Arbeit finden muss. Aber das schaffen wir schon. Und dann ist sie vielleicht endlich wieder glücklich.«

»Das wäre echt schön!« Ben lächelte Kara an.

»Herzlichen Glückwunsch noch mal zum Gewinn!« Marie klopfte Kara auf die Schulter. »Wann geht das Abenteuer denn los!«

»In den Sommerferien. Ich bin schon so aufgeregt! Ich bin noch nie mit einem größeren Schiff gefahren.«
»Das wird bestimmt superspannend. Und wie es mit Berger weitergeht, werden wir ja in der Zeitung lesen. Habt ihr den Artikel von heute schon gesehen?«, erkundigte sich Kim.
»Ja! Was für ein Pech für ihn, dass die Presse alles mit angehört hat. Und dann noch dieses Foto! Darauf sieht er aus wie ein panisches Gespenst. Blass und gestresst«, sagte Paul.
»Warum war er auch so gemein? Den Menschen und der Umwelt gegenüber?«, fragte Marie.
Kim lehnte sich in ihrem Sessel zurück. »Jetzt hat er ja Zeit, darüber nachzudenken, was für miese Ideen er da umsetzen wollte.«
Lisa rückte auf die Sesselkante. »Wir haben schon wieder neue Mitbewohner, eine Sau und ihr Ferkel. Wir müssen den Schweinestall etwas erweitern, auch den Schweine-Außenbereich.«
»Wie gut, dass du das Geld gewonnen hast!«, freute sich Franzi.
Eine junge Frau brachte den *Kakao Spezial* und stellte alle Becher auf dem Tisch ab. »Mm, der sieht lecker aus! Ich muss allerdings erst noch mal schnell wo hin«, sagte Marie und stand auf. Als sie zurückkehrte, strahlte sie über das ganze Gesicht.
»Hey, was ist dir denn Schönes begegnet, dass du so grinst?«, erkundigte sich Franzi.
Marie setzte sich wieder auf ihren Platz. »Na ja, ich habe auf dem Gang das Schwarze Brett entdeckt. Und da hing etwas, das für dich interessant sein könnte!« Sie überreichte Paul feierlich ein kleines Zettelchen, das sie abgerissen hatte. »Da steht der Name einer Webseite, auf der du dich bewerben kannst.«
»Bewerben? Wofür denn?«, wollte Paul wissen.

»Hier, ich habe den Haupttext abfotografiert. Lies mal!« Marie hielt ihr Handy in die Mitte des Tisches.

Bionik-Umweltschutz-Wettbewerb für Nachwuchsforscher!
Reicht eure Projektideen ein zu folgenden Themen:
- *Energie sparen*
- *Wasserschutz*
- *Plastik reduzieren*

und nutzt für eure Ideen die Natur als Vorbild.
Zu gewinnen gibt es die Teilnahme an einem Forschungsnachwuchscamp im Herbst, in dem ihr eure Ideen zusammen mit bekannten Wissenschaftlern und Wissenschaftlerinnen weiter ausarbeiten könnt.
Wir freuen uns auf eure Projekte!
Bionik für die Umwelt e. V.

Nachdem Paul alles gelesen hatte, lächelte er in die Runde. »Ich werde es mit meinen Ideen einfach weiter versuchen. Danke, Marie, dass du dabei sofort an mich gedacht hast! Obwohl ich«, er senkte den Kopf, »eure Stände sabotiert habe.« Er nahm einen Schluck Kakao. Als er wieder hochsah, mussten alle kichern.
»Was ist denn los?«
»Du hast einen Hafermilchschaumbart«, informierte ihn Marie.
Pauls Gesicht entspannte sich und er stimmte in das Lachen mit ein.
Kim hielt Franzi und Marie ihren Kakaobecher zum Anstoßen hin. »Auf unsere Freundschaft! Und einen weiteren gelösten Fall.«

Bionik – Science-Fiction oder schon Alltag?

Was ist Bionik?

Können wir uns von der Natur abschauen, wie wir die Umwelt schützen und schonen können? Das Wort »Bionik« setzt sich zusammen aus den Wörtern Biologie (Bio) und Technik (nik). Seit Milliarden von Jahren müssen sich Pflanzen und Tiere immer wieder den unfreundlichsten Bedingungen anpassen, um zu überleben. Wissenschaftler erforschen die Wunder der Natur und nutzen sie für Erfindungen, sogenannte »grüne Technik«, mit dem Ziel, Material, Rohstoffe und Energie zu sparen. Dadurch trägt die Bionik auch aktiv zum Umweltschutz bei.

Powertipps

- Zum Umwelt- und Klimaschutz gibt es viele große Ideen, aber oft wird nur geredet und wenig getan. Manchmal fühlst du dich da vielleicht hilf- und machtlos, aber zum Glück gibt es viele kleine Dinge, die du tun kannst. Letztlich lässt sich alles in ein paar Grundregeln zusammenfassen:
- Mit wenig Fleisch essen, weniger heizen und weniger Plastik gebrauchen, bewusst einkaufen und möglichst auf Flug- und Schiffsreisen verzichten können wir unserer Umwelt wirklich helfen!

Nachhaltigkeit und Bionik

Von Haien abgeschaut ist eine künstliche Haut, die einen Schiffsrumpf ganz ohne giftige Farben, die ins Meer gelangen könnten, vor Schäden und dem gefürchteten Bewuchs mit Seepocken schützen soll. Die Ficus-Pflanze kann ihre Wunden heilen, indem sie einen speziellen Saft produziert. Das gab die Idee für sich selbst reparierende Risse in Aufhängungen und Handy-Displays. Indem Bioniker und Bionikerinnen das Knochenwachstum genauer beobachtet haben, können Bauteile langlebiger und bruchfester gestaltet werden. Spinnennetze könnten sogar ein Flugzeug tragen, ohne zu reißen. Fäden, die ihrem Vorbild nachempfunden sind, werden in der Textilindustrie und der Medizin verwendet. Von der Klette, einer Pflanze, hat man sich das Prinzip des Klettverschlusses abgeschaut. Der Eiffelturm ahmt die Leichtbauweise von Bienenwaben nach.

Schon gewusst, dass ein »Krabben-Roboter« Plastikmüll aus dem Meer fischt?

Italienische Forscher haben ein Meeresboden-Fahrzeug entwickelt, das einer Krabbe ähnelt. Es heißt »Silver 2« und kann während seiner Tauchgänge Plastikmüll einsammeln. Dabei geht der Roboter intelligent vor – er kann treffsicher Mikroplastik im Wasser finden und herausfiltern. Demnächst soll dem Gerät noch ein Greifarm eingebaut werden, damit es auch größere Teile wie Plastikflaschen und Beutel aufnehmen kann. Die Roboterkrabbe kann bis zu 200 m tief tauchen und sie lernt immer weiter dazu.

Die drei !!!
Umwelt-Wissen

Entdecke die Welt von Kim, Franzi und Marie

Spannende Leseabenteuer

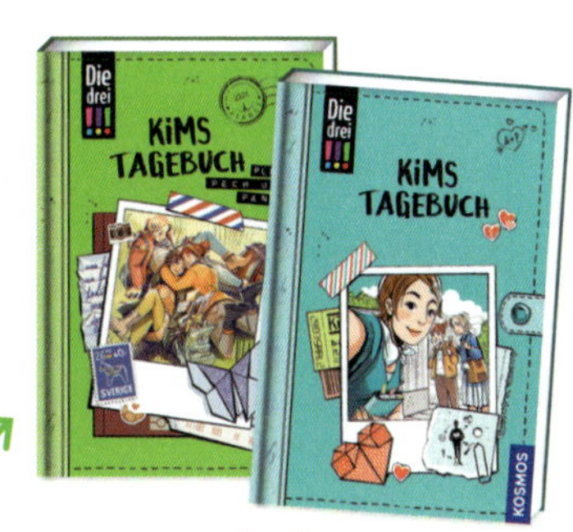

Krimis to go

Hörspiele

Lesen, puzzeln, Fall lösen

Geheimbücher

Kims Tagebücher

diedreiausrufezeichen.de

Kim, Franzi und Marie lösen jeden Fall!

- ☐ Die Handy-Falle
- ☐ Betrug beim Casting
- ☐ Gefährlicher Chat
- ☐ Gefahr im Reitstall
- ☐ Nixensommer
- ☐ Das rote Phantom
- ☐ Wildpferd in Gefahr
- ☐ Tatort Kreuzfahrt
- ☐ Das geheime Parfüm
- ☐ Der Fall Dornröschen
- ☐ Der Graffiti-Code
- ☐ Heuler in Not
- ☐ Tatort Geisterbahn
- ☐ Gefahr im Netz
- ☐ Nacht der Wölfe
- ☐ Gefährliches Spiel
- ☐ Gefahr in den Ruinen
- ☐ Kuss der Meerjungfrau
- ☐ Legende der Einhörner
- ☐ Rätsel der Vergangenheit
- ☐ Tatort Hollywood
- ☐ #Falscher Ruhm
- ☐ Achtung, Gaunerzeichen!
- ☐ Das Bienengeheimnis
- ☐ Vier Pfoten in Gefahr
- ☐ Ein echt schöner Fall
- ☐ Geheimnis im Spukhotel
- ☐ Das Konfetti-Komplott
- ☐ Voller Einsatz für die Erde
- ☐ Luftballon-Küsse
- ☐ Ein Fall mit Herz und Huf
- ☐ Rätselhafter Raub
- ☐ Geheimnisvoller Liebestrank
- ☐ Die Krimi-Verschwörung
- ☐ Der Fluch der Fee
- ☐ Mission Gipfelglück
- ☐ Geburtstagsdiebe
- ☐ Geheimnis am Fluss
- ☐ Abenteuer-Küsse
- ☐ Unheimliches Meeresleuchten
- ☐ Falle im alten Kino
- ☐ Abenteuer Afrika
- ☐ Rätsel der alten Eiche
- ☐ Influencerin in Not
- ☐ Spuk auf dem Campingplatz
- ☐ Detektivinnen in Gefahr
- ☐ Alpaka-Alarm
- ☐ Superheldin in Gefahr
- ☐ Abenteuer Australien
- ☐ Einsatz im Kletterwald